소주 이야기

차례
Contents

들어가며

소주에 관한 이야기를 써보면 어떻겠느냐는 연락을 받았을 때, 나는 해장국을 앞에 두고 소주 한잔을 마시던 중이었다. 잠시 망설였다. 오랫동안 소주를 마셔왔고, 원고 청탁을 받는 순간에도 소주를 마시고 있었지만 그게 소주에 관한 이야기를 쓸 자격이 될 리는 없었다. 화학이나 식품영양학을 전공하든지, 주류업계에 종사하든지, 그것도 아니면 시골집에서 전통 소주라도 담가봤어야 소주에 대해 쓰든 말든 하는 것 아닐까? 그런 생각을 했다.

그러나 소주 몇 잔을 더 털어 넣자, 객기 비슷한 의욕이 생겼다. 1960년대 말에 태어나 1980년대 말부터 소주를 입에 대기 시작했으니, 어언 30년 가까이 소주와 친구로 지낸 사이 아닌가. 그 오랜 세월 동안 소주 때문에 힘들어도 보고, 즐거워도 봤으니 이젠 무언가 써봐도 되는 것 아닐까. 소주에 대한 철학까진 아니더라도, 소주에 대한 단상 정도를 쓰는 것에 대해 누가 뭐라 하진 않으리……. 그런 생각들을 했다. 그래서 호기롭게 전갈을 넣었다.

"그거 뭐 쓰면 되지요."

그러나 다음 날 술을 깨고 보니 난감하기 이를 데 없었다. 기왕에 알려진 주담(酒談)이라 하면 양주동 선생의 『문주 반생기』와 변영로 선생의 『명정 40년』이 세월을 초월해 윗길에 속하는데, 나로 말하자면 술 실력과 글 실력 모두 그분들의 발바닥 수준이다. 또 소주에 대해 쓰려면 희석식이든 전통의 증류식이든 그 화학적 생성 과정에 대해 무언가 말해야 할 텐데, 과학에 관해서도 나는 아마추어였다. 그러나 말을 뒤집을 수는 없었다. 취중 약속도 엄연한 약속 아닌가.

그래서 대략 석 달을 소주라는 화두에 매달려 책과 논문, 그리고 옛날 기사들을 뒤졌다. 소주의 역사, 제조법, 산업화에 관한 텍스트 외에 걸출한 문인들이 남긴 시와 소설까지 가리지 않고 봤다. 그랬더니 소주에 관한 지식이라면 어느

술자리 가서 얘기해도 욕먹지 않을 만큼은 습득할 수 있게
됐다. 거기에 대단치는 않아도, 어디 크게 뒤처지지는 않을
수준인 다년간의 실전 경험이 있지 않은가. 그 모두를 더해
원고를 채워나갔다.

그런데 소주에 대한 자료를 정리하고, 음주와 관련한 옛
기억을 되살리는 동안 나는 너무나 자주 감상(感傷)에 빠지
곤 했다. 그건 아마도 소주와 떼어놓을 수 없는 삶의 애환 때
문이었을 것이라 생각한다. 소주는 태생부터 서민들의 고단
한 삶에 밀착했다. 나도 자주 그랬지만, 수많은 사람들 역시
답답한 삶과 아픈 마음을 소주 몇 잔으로 달랬다.

그 모든 사연과 정보를 건조하지 않게 담기 위해 꽤 노력
했다. 이어질 이야기에는 그래서 소주에 관한 이런저런 정보
와 에피소드, 20세기 후반과 21세기 초반을 살았거나 살고
있는 사람들의 좌충우돌과 희로애락이 가감 없이 뒤섞일 것
이다.

그러나 심각한 이야기는 아니다. 삶에는 언제나 비애가
가득하고, 우리의 술자리도 곧잘 그 비애로부터 시작된다.
하지만 소주 몇 잔을 들이켜고 나면 그 자리는 금방 유쾌해
지게 마련이다. 어느 순간부터 주당(酒黨)들의 말이 빨라지
고 분위기는 왁자지껄해진다. 굳이 구분하자면 이 간략한 소
주 이야기도 삶의 비애로부터 시작하되 곧 유쾌하고 왁자지

껄해지는 술자리를 닮았다.

그러니 그저 가벼운 마음으로 읽어주시면 좋겠다. 저녁 술자리에서 오랜만에 만난 지인의 흥에 겨운 수다를 듣는 심정으로 흔연히 보아주시면 된다. 그리고 책을 덮을 무렵 맑은 소주 한 잔을 떠올리게 된다면, 이 어쭙잖은 소주론(論)은 제 역할을 다한 셈이다.

이것은 소주가 아니다

울적할 때, 서글플 때 또는 외로울 때 호젓한 술집에 혼자 소주를 마주하고 앉는다. 그리고 그 맑디맑은 소주 앞에서 한 명의 화가를 떠올린다.

르네 마그리트(René Magritte, 1898~1967).

벨기에에서 태어나 20세기 중반을 풍미한 이 초현실주의 화가의 그림은, 그런데 좀 괴상망측한 편이다. '초현실(超現實)'이다보니 그건 어쩌면 당연한 걸까?

기이한 그림

오래전 서울 한복판 대형 백화점의 외벽을 상당기간 장식하기도 했던 그의 작품을 기억하는 분들이 꽤 있다. 정장에 중절모를 쓴 중년 신사 수십 명이 공중 부양하고 있는 그림이다. 미야자키 하야오의 애니메이션 「하울의 움직이는 성」의 원본임이 분명해 보이는, 허공에 붕 떠 있는 바위산도 그의 작품이다.

땅을 밟은 사람의 발이 발목을 지나면서 검정색의 구두 가죽으로 변해가는 그림도 있다. 창문이 깨졌는데, 창문 너머에 있을 줄 알았던 바깥의 풍경이 조각난 채 나뒹굴고 있기도 하다. 하여간 좀 기이한 그림들이다.

그러다가 마지막으로 떠오르는 그림!

「이미지의 반역」이라는 거창한 이름이 붙은 1929년 작(作)이다. 공개되고 나서 언어학·철학적으로는 물론, 미술사적으로도 수많은 논란을 불러일으켰던 그림이다. 작품의 모티프랄까, 담고 있는 콘셉트(concept)가 너무나 기괴해서 누구나 한번 보면 "이게 뭐지?" 하고 의문을 품게 되는 그림이다.

담겨 있는 이미지는 아주 단순하다. 담뱃잎을 담아 피우는 파이프 하나가 덩그러니 그려져 있을 뿐이다. 그런데 그렇게 파이프 하나를 덜렁 그려놓고는 아래에다 정갈한 필기

체로 이런 말을 써놓았다.

Ceci n'est pas une pipe.

무슨 뜻인가? 프랑스어로 된 이 짧은 문장은 이런 뜻이다.

이것은 파이프가 아니다.

파이프를 그려놓고 파이프가 아니라니……. 파이프처럼 보이지만 실제로는 파이프를 그린 게 아니란 얘기인가? 파이프 모양 초콜릿이라도 된다는 얘기인가? 아니면 피사체는 파이프의 그림일 뿐 파이프 그 자체는 아니란 얘기인가? 이미지와 실체의 관계에 관한 어떤 철학?

사실 그건 잘 모르겠다. 그보다 몇십 년 전의 이 그림 한 점이 갑자기 떠오른 것은, 맑은 소주를 입에다 한잔 털어 넣었기 때문일까?

이것은 소주가 아니다

형이상학적인 취향 때문도, 한잔 털어 넣은 뒤의 취기 때문도 아니다. 소주 한 잔을 마주하고, 초현실주의의 대표적인 그림 하나를 떠올린 이유는 단순하고 명쾌하다. 그것은 내가 마주하고 한 잔을 들이켠 소주, 바로 이 소주가 사실은 소주가 아니기 때문이다. 단아한 비취색 병에 담긴, 그 무색 투명의 맑은 술. 그러나……

이것은 소주가 아니다!

허름한 술집에 앉아 싸구려 안주에 3,000원을 보태 주문한 이 소주는 사실, 엄밀한 의미로 소주가 아니다. 그래서 르네 마그리트의 그림이 떠오른 것이다. 동네 마트에서 1,000원 안팎, 술집에서는 3,000원 안팎의 가격으로 우리가 줄기차게 시켜먹는 이 소주가 사실은 소주가 아닌 것이다.

왜 소주가 아닌가?

소주가 아니기 때문에 소주가 아니다.

국어사전에 나와 있는 '소주(燒酒)' 항목을 살펴보자. 이런 해설이 따른다.

> 곡주나 고구마주 따위를 끓여서 얻는 증류식 술. 무색투명하고 알코올 성분이 많다.

무색투명하고 알코올(alcohol) 성분이 많은 것은 맞다. 그러나 곡주(穀酒)나 고구마주(酒) 따위를 끓여서 얻는 증류식 술인가? 그건 아니다. 왜 아닌지는 뒤에서 차차 알아보기로

하고, 일단 사전을 충실히 해독(解讀)해보자.

'곡주나 고구마주'는 쌀·보리·밀·옥수수 같은 곡물이나 고구마로 만든 술(酒)일 게다. 그럼 '증류식'은 무엇인가? 국어사전의 '증류(蒸溜)' 항목에는 이런 설명이 나와 있다.

> 액체를 가열하여 생긴 기체를 냉각하여 다시 액체로 만
> 드는 일.

맞다. 이게 증류다. 증류를 위해선 일단 액체를 끓인다. 끓이면서 그 위에 모종의 칸막이를 설치하면, 거기에 기화됐던 물질이 다시 액체 형태로 송골송골 맺힌다. 그렇게 맺힌 액체를 컵이든 대접이든 냄비든 어딘가에 다시 모은다.

증류식 술은 그렇게 만들어진다. 그러니까 소주는 쌀 등의 곡물이나 고구마를 발효시켜 만든 술을 끓이고 끓여서 그 정수(精髓)를 바로 분리해낸 술이다. 그러한 과정을 거치고 나면 그 독하다는, 한입만 털어 넣어도 "캬~!" 소리가 절로 나는 소주가 만들어진다. 카페에서 파는 위스키도, 중국 음식점에서 파는 배갈, 그러니까 고량주(高粱酒)라 부르는 술도 그렇게 만들어지는 증류주다.

보리나 밀을 발효시킨 술을 증류하면 위스키(whiskey), 수수를 발효시킨 술을 증류하면 배갈(고량주), 포도주를 증류하

11

면 코냑(cognac)이 나온다.

가짜 소주의 전성시대

그러나 불행하게도 우리가 술집에서 "이슬 주세요!"라든가 "처음이요!" 하며 주문하는 그 3,000원짜리 소주는 그렇게 만든 술이 아니다. 그러니 거두절미하고 요약하면 우리가 20세기 후반 내내 즐겨 마셨고, 21세기 들어서도 내내 탐닉하고 있는 그 소주는 소주가 아니다.

가짜 소주다.

우리는 속아왔다. 가짜 소주를 소주라고 믿고 들이켜왔다. 곧 구체적으로 설명하겠지만 요즘 우리가 마시고 있는 소주는 타피오카(tapioca)라고 하는 작물을 원재료로 사용한다. 쌀·보리 등의 곡물이나 고구마를 원료로 썼을 수도 있다. 가끔씩, 아주 소량으로 쓰인다. 그러나 쌀·보리·옥수수나 고구마를 주재료로 쓰지 않을 뿐만 아니라 소주 특유의 '증류' 방식으로 만들지도 않는다.

'증류'라고 불리는 술 제조법은 이 얼마나 순수한가……. 하지만 상대적으로 탁한 술을 센 불로 끓이고 끓여 순도 높은 소량의 식용 알코올을 직접 채취하는 증류 방식의 순결함은 21세기 한국 술집의 테이블에 놓인 소주와 무관하다.

활활 타오르는 불을 이용하여 '정제'로서만 순수하게 얻어낼 수 있는 '진짜' 소주는 서울 뒷골목 술집에 없다.

이러한 진짜/가짜 논쟁을 어떤 이들은 한자 표기의 차이를 들어 슬쩍 피해가기도 한다. 그러나 어불성설(語不成說)이다. 군이 소개하자면 이런 이야기다.

조선시대에 소주를 표기한 한자는 모두 '燒酒(소주)'였다. 그러나 요즘 술집에서 주문하는 '이슬'이나 '처음' 류(類)의 소주병에는 '燒酒' 아닌 '燒酎(소주)'라고 쓰여 있다. 물론 '酒(주)'나 '酎(주)' 모두 술이라는 뜻이지만, 어쨌든 다른 한자다.

요컨대 전통적으로 내려오는 소주의 표기는 '燒酒'이고, 요즘 우리가 알고 있는 소주의 표기는 '燒酎'인 것이다. 이걸 가지고 진짜/가짜에 관한 소모적인 논쟁은 애당초 불가능하다는 식으로 말하는 사람들이 있다. '燒酒'를 사칭한 적이 없는데, 무슨 진짜/가짜 얘기를 꺼내는가? 뭐, 이런 얘기가 되겠다.

그런데 소주에 '酎'라는 한자어가 등장한 것은 일제 강점기부터다. '燒酎'란 명칭이 붙은 것은 우리 언어생활에 일본식 한자어가 개입하면서 생긴 해프닝에 가깝다. 그 사연이야 알려진 바 없지만 서로 다른 소주를 '양심적'으로 구분하기 위해 도입한 한자어라고 주장할 수는 없단 얘기다.

각설하고, 대한민국의 20세기는 가짜 소주의 전성시대였다. 21세기 역시, 비록 전성기라고 볼 순 없지만 소비되는 술 중에서도 소주가 차지하는 비중은 여전히 압도적이다.

그렇다면 해방 이후 우리는 왜 그렇게 소주, 정확히는 가짜 소주(燒酎)에 그토록 열광했을까? 그 이유를 알아보기 전에 도대체 가짜 소주를 어떻게 만드는지부터 간략하게 살펴보도록 하자.

가짜 소주 제조법

명색이 『소주 이야기』인데, 초반부터 지나치게 공격적으로 소주를 비난하는 모양새가 됐다. 그러나 우리 시대에 어디 가짜가 소주뿐이랴. 소주가 아니어도 가짜는 널렸다. 아니다, 언어를 조금은 정제해야겠다. '가짜'보다는 '흉내를 낸다'고 표현하는 편이 나을 것 같다.

바나나 맛 우유

어떻게든 원가를 낮추어야 하는 식품업계에 이 같은 흉내나 모방은 어느 정도 일반화돼 있다. 바나나 맛 우유를 예로 들어보자. 왜 바나나 우유가 아니라 바나나 '맛' 우유일까? 간단하다. 바나나가 들어 있지 않아서 그렇다. 들었다 해도 '바나나 우유'를 표방하기에는 너무 극소량이다.

그럼 바나나 맛 우유는 무엇으로 이뤄져 있을까?

일단 원유(原乳)가 들어간다. 바나나 맛은 향으로 내면 그만이다. 맛이란 게 원래 그렇다. 사람들은 맛을 혀로 느낀다고 생각하지만, 실제로는 코로 느낄 때가 더 많다. 그래서 바나나 맛 우유에는 바나나 향이 들어간다. 풍미를 높이기 위해 바닐라 향도 들어간다. 물론 진짜 향은 아니고 모두 착향료가 내는 향이다.

바나나의 단맛은 액상과당과 백설탕, 구연산나트륨 등이 섞여서 만들어진다. 거기에 바나나 특유의 노란색이 필요하다. 이 색깔 역시 바나나를 재료로 만들어내는 게 아니다. 식품업계에서 노란색을 내기 위해 쓰는 색소는 대개 치자황색소다. 치자 열매에서 추출한 노란색 착색제를 말한다. 바나나 맛 우유의 노란색은 치자 추출물이 지닌 노란색이다.

그럼 바나나 성분은 정말 하나도 들어가지 않을까?

요즘 시판되는 바나나 맛 우유의 용기를 보면 바나나 농축과즙이 성분에 포함돼 있긴 하다. 그래봐야 1퍼센트 안팎에 불과하다. 그저 구색일 뿐이다. 바나나를 넣었다며 생색내기에는 우유 제조업체로서도 부끄러울 지경일 테니까. 그러니 '바나나 우유'가 아니라 '바나나 맛 우유'라고 쓰는 것이다.

"바나나는 원래 하얗다"며 흰색의 바나나 우유를 출시한 업체도 있지만, 바나나를 두고 흰색(열매)과 노란색(껍질)을 구분하는 것은 뭐랄까, 논점을 흐리는 일이다. 흰색이든 노란색이든 그저 바나나 '맛' 우유일 뿐이니까.

소주 맛 술

우리가 말하고자 하는 소주도 딱 그런 모양새다. 소주로부터 '가짜'라는 오명을 벗겨줘야 하는데, 그러려면 적어도 '소주 맛 술'이란 호칭 정도는 붙여주어야 할 것 같다.

자, 술집에서 '이슬'이나 '처음'을 한 병 시켜 상표를 살펴보자. 상표 한쪽에는 이런 용어가 등장한다.

희석식 소주(稀釋式燒酎)

희석이라⋯⋯. 희석은 농도를 묽게 한다는 뜻이다. 어떤 용액에 물이나, 물과 비슷한 용매를 넣어 농도를 아주 옅게 만드는 걸 희석이라 한다. 그 '어떤 용액'은 물론 알코올이다. 순도 높은 알코올을 물에 타는 것이다. 그게 꼭 소주(쌀이나 고구마를 증류한 진짜 소주(燒酒 말이다!)일 필요는 없다. 그저 우리를 취하게 만드는 알코올이면 된다.

그러니까 우리가 즐겨 마시는 '이슬'이나 '처음'은 알코올을 다량의 물에 '희석'한 술의 일종이라는 얘기다. 그렇게 희석이라는 화학적 기법을 통해 묽은 술을 만들었으면 거기에 '소주 맛'을 내야 한다. 바나나 맛을 내고, 바닐라 맛을 내는 착향료로 '바나나 맛' 우유를 만들어냈듯이, 이제 '소주 맛'을 만들어내면 된다.

그 맛을 내는 것은 물론 감미료의 몫이다.

소주에 들어가는 감미료에 대해서는 뒤에서 더 알아볼 생각이다. 지금은 우리가 마주하고 있는 소주가 무엇인지 그 실체를 아는 게 중요하다.

그러니까 소주, 아니 희석식 소주는 녹말이나 당분이 포함된 재료(그게 무엇이든 관계없다)를 발효시켜 만든 강력 알코올(대개 95퍼센트)에 물을 들이부은 뒤 다시 감미료를 넣어 만든 소주 맛의 술이다. 그리고 이때 가장 중요한 것은 물론 원재료에 해당하는 알코올이다. 그걸 주정(酒精)이라고 한다.

주정

주정은 참 멋들어진 말이다. 술의 정수(精髓)라니. 지금 논의하고 있는 가짜 소주, 아니 소주 맛 술, 그러니까 희석식 소주는 주정(술의 정수)을 물에 녹여낸 술을 말한다. 혹자는 주정을 '술의 영혼(spirit)'이라는 환상적인 말로 격상시켜주 기까지 한다. 그야말로 환상적인 수사(修辭) 능력이다.

그러나 수사를 버리고 환상을 걷어내면 거기엔 화학만 남 는다. 주정은 화학적으로 말하면 에틸알코올이다. 에탄올이 라고도 부르는 에틸알코올은 소주뿐 아니라 모든 술의 핵심 이다. 향·색·맛과 무관하게 이 세상의 모든 술은 에틸알코 올 성분으로 사람을 취하게 한다. 사람의 중추신경을 마비시 키는 성분은 바로 이 에틸알코올이다. 청주는 15~16퍼센트, 포도주는 7~14퍼센트, 맥주는 3~4퍼센트, 위스키·브랜디는 35~55퍼센트의 에틸알코올을 함유한다고 한다.

여기서 우리나라 주세법(酒稅法)이 정의하고 있는 '주정' 의 범위를 잠깐 살펴보고 가자. 주세법에 딸린 '별표'에 나와 있는 '주류의 종류별 세부내용'은 주정에 대해 이렇게 정의 하고 있다. 주정의 '법적' 정의다.

가. 녹말 또는 당분이 포함된 재료를 발효시켜 알코올분 85도 이상으로 증류한 것.

나. 알코올분이 포함된 재료를 알코올분 85도 이상으로 증류한 것.

'알코올분'은 흔히 쓰는 말은 아닌데, 그냥 알코올의 성분 (alcoholic content)이나 강도(strength) 정도로 이해하면 된다. 이 조항과 관련해 ㈜대한주정판매는 공식 홈페이지에 이런 설명을 덧붙인다.

> 전분질의 원료인 쌀, 보리, 고구마, 타피오카(카사바), 사탕수수 등으로 우리나라에서 생산한 발효주정은 대부분이 소주, 리큐르, 기타 각종 주류제조에 사용되며, 일부는 식료품, 음료품, 의약품, 화장품, 기타 공업용으로도 폭넓게 사용되고 있습니다. 한편, 합성주정은 일반 공업용 제품 생산에 사용됩니다.

주정은 이렇게 술 제조 외에도 다양한 용도로 쓰인다. 특유의 방부·소독 효과 때문에 활용 범위가 대단히 넓다. 식초나 향료·간장·된장·면류처럼 음식에도 쓰이지만 의약품이나 화장품·세제를 만들 때도 쓰인다. 심지어는 화약이나 농약을 만들 때도 쓰인다.

㈜대한주정판매 홈페이지에 소개된 주정의 용도를 소개하자면 이러하다.

> 주류용: 소주, 청주, 위스키, 리큐르, 일반 증류주 등

식품원료: 식초, 조미료, 맛술 등

식품보존용: 장류, 생면류, 빵, 과자류, 어육연제품, 각종
가공식품 등

추출용: 전통차류, 향료, 인삼제품, 프로폴리스, 한약제,
건강식품 등

의약용: 드링크류, 정제추출 및 코팅, 소독

살균소독: 식품 살균, 식품 세척, 식품 기계기구 살균소독
제 제조용

기타: 치약, 세제, 화장품, 향수, 구강청정제, 연초 발효 등

구색 갖추기

희석식 소주를 만들 때 쓰는 주정은 보통 95퍼센트 순도
의 에틸알코올이다. 주정을 전문적으로 만드는 회사들은 녹
말·당분이 포함된 원재료를 발효시킨 후 그것을 기계로 연
속 증류한다. 주정은 그렇게 만들어지는 것이므로 분명 증류
의 과정을 거치는 것은 맞다.

그러나 쌀·보리·옥수수를 찌고 누룩과 섞어 발효한 뒤,
증류해 바로 마실 수 있는 전통적인 증류식 소주일 리는 없
다. 다시 말하지만 그대로 먹을 수 없는 고농도의 에틸알코
올을 물에 타 섞은 것이 희석식 소주다.

그런데 시판되는 소주를 보면 '희석식 소주'라는 표기를
아예 날린 경우도 종종 눈에 띈다. 대신 라벨에는 애주가들
을 혼란케 하는 이런 성분 표시가 붙어 있기도 하다.

　　주정, 증류식 소주(쌀 국산 100%) 0.1%

　그야말로 '눈 가리고 아웅'이다. 주정 옆에 표기한 '증류식
소주'가 문제다. 국산 쌀을 이용했다고는 하나 전통 방식으
로 만든 것도 아닐뿐더러, 함량조차 0.1퍼센트로 극미한 수
준이다. 바나나 맛 우유의 구색을 갖추기 위해 '첨가'한 바나
나 농축과즙과 같은 것이라 보면 된다. 그런데도 라벨에서
자신의 정체성인 '희석식 소주'라는 표기를 날려버리고, 보
는 이를 헷갈리게 만들 수 있는 '증류식 소주'라는 용어를 표
기해놓았다. 대기업들의 얄팍한 마케팅이다. 비일비재한 일
이니 그런가보다 할 수밖에.

　진짜 주재료가 제일 앞에 표기된 '주정'인 것은 너무나 당
연하다. 게다가 이 주정은 결코 값비싼 국산 쌀을 이용해 만
들지 않는다. 그게 무엇이든 에틸알코올만 만들 수 있으면
그만이다.

타피오카

주정을 만드는 원재료의 절대 강자는 타피오카다. 동남아시아에서 대량으로 재배되는 작물인데, 지역에 따라 카사바(cassava)라 불리기도 한다. 좀 못생긴 감자라고 보면 된다. 타피오카의 뿌리에서 채취한 식용 전분이 바로 주정의 재료다. 타피오카는 원래 사료 용도로 많이 재배된다.

우리나라 소주업체들은 대개 베트남, 캄보디아, 인도네시아, 태국에서 타피오카 칩을 수입해서 사용한다. 21세기 한국 소주의 원류는 그러니까 동남아의 농장 곳곳에서 대규모로 재배된 저가(低價)의 못생긴 감자들인 것이다.

그런데 왜 타피오카가 주정의 원료로 채택됐을까?

주정은 녹말이나 당분 성분만 함유하고 있으면 무엇으로든 만들 수 있다. 쌀·보리·밀·옥수수 같은 곡류나 고구마·감자 같은 뿌리식물. 어느 쪽이든 무방하다. 그러나 기업은 재료를 선택할 때 당연히 비용과 생산성을 따질 수밖에 없다. 그것은 재료 선택의 기본적인 기준이다.

그 기준을 탁월하게 충족시키는 것이 바로 타피오카다. 싸기도 하지만, 같은 양으로 생산해낼 수 있는 에틸알코올의 양이 다른 곡물에 비해 압도적으로 많기 때문이다.

주정을 전문적으로 생산해 소주업체에 공급하는 회사들

은 따로 있다. 시중에는 열 군데 정도의 주정회사가 있는데, 이 주정회사가 저마다 제조한 주정을 ㈜대한주정판매라는 곳으로 납품한다. 소주업체들은 ㈜대한주정판매에서 주정을 사다가 물과 섞어 소주를 만든다.

전체적으로 볼 때 이들 주정업체들이 사용하는 원료의 80퍼센트 정도가 타피오카라는 통계가 있다. 나머지 20퍼센트는 고구마, 정부가 곡물의 수급을 맞추기 위해 배정하는 쌀·보리 등으로 충당한다. 쌀의 경우 수입산 쌀이 쓰이기도 하고, 오래 묵은 국산 쌀이 쓰이기도 한다. 정부의 곡물 수매 방침에 따라 그때그때 재료는 달라진다.

미심쩍은 대외비

우리나라의 주세법은 술의 포장 용기나 상표 표기에 대단히 관대하다. 그저 술의 종류가 무엇인지, 주된 원료가 무엇인지, 또 유통기한은 언제까지인지 정도만 표기하면 된다. 그러다보니 소주 맛을 내기 위해 들어간 감미료가 무엇인지 그 정체를 알기가 어렵다. 진짜 소주가 아니고 소주 맛을 내는 술인 만큼, 소주 맛을 내는 감미료가 희석식 소주의 정체성을 결정하는 중요 요소인데도 말이다.

소주 회사에 물어봐도 "그건 대외비!"라며 알려주지 않는다. 과도한 손사래다. 자기 회사만의 제조 비법(秘法)이니 절대 알려줄 수 없다는 논리다.

참 별게 다 대외비다. 그렇게 '대외비'를 일삼다보니 소주의 첨가물을 둘러싸고 '○○파동' '○○논란'이니 하는 사달이 정기적으로 벌어지고 만다. 어쨌거나 그런 파동 덕에 소주 제조업체들이 감추고 싶어 하는 소주 맛의 정체는 정기적으로 드러나게 마련이다.

그렇게 소주와 관련해 벌어진 감미료 파동은 크게 두 번 있었다. 한 번이 사카린 파동이고, 다른 한 번이 스테비오사이드 파동이다. 사카린과 스테비오사이드라는 이름의 감미료가 소주를 만드는 데 사용되는 대표적 감미료라는 얘기가 되겠다.

사카린과 스테비오사이드

먼저 사카린을 보자. 1980년대 후반까지 소주의 단맛을 내는 감미료의 대표 주자였다. 19세기 후반에 개발된 오랜 전통을 가진 감미료다. 설탕보다 300~500배나 되는 강력한 단맛을 낸다. 유해성을 둘러싸고 지금도 논쟁이 계속되고 있는 중이다.

사카린 이후 소주 감미료의 절대 강자로 떠오른 것이 스테비오사이드다. 이것도 설탕보다 300배 달다. 남아메리카의 파라과이가 원산지인 스테비아라는 식물이 있다. 이 국화과의 식물 잎에서 추출하여 만드는 게 스테비오사이드다. 1980년대 후반 이후부터 사카린의 자리를 대신하고 있다.

그러니까 옛날 소주 맛은 사카린 맛, 요즘 소주 맛은 스테비오사이드 맛이란 얘기다.

사카린과 스테비오사이드뿐 아니다. 소주에 들어갈 수 있는 첨가물은 다양하다. 다양한 첨가물이 어울려 소주의 맛을 내는 것이다.

주세법 시행령이 소주에 넣어도 좋다고 규정한 첨가물은 이런 것들이다.

당분, 구연산, 아미노산류, 소르비톨, 무기염류, 스테비올배당체, 효소처리스테비아, 사카린나트륨, 아스파탐, 수크랄로스, 토마틴, 아세설팜칼륨, 에리스리톨, 자일리톨, 다(茶)류

그러나 이 첨가물들의 이름을 소주 라벨에서 확인하기란 대단히 어려운 일이다.

단순히 대외비여서 그런 것인가? 그저 영업비밀이어서?

선술집 풍경

애꿎은 바나나 맛 우유까지 동원하면서 희석식 소주를 너무 희화화(戲畫化)한 걸까? 그러나 희석식 소주가 전통 증류주의 '짝퉁'이며 변종이란 사실을 굳이 숨길 이유는 없다. 치부를 드러내야 진가(眞價)가 드러난다. 소주는 '전통'과 '고급'을 포기했다. 하지만 그 대가로 얻은 '저가(低價)'라는 무기로 각박한 살림을 꾸려가는 우리 서민들 가까이 다가갔다.

쓰린 가슴 위 차가운 소주

소주는 1980년대 말, 출고량에서 막걸리를 제치고 제1의

'서민 술'로 자리 잡았다. 그 전후로 전개된 애환의 드라마를 살펴보려고 한다. 그것은 소주의 진위(眞僞) 논쟁 따위를 훌쩍 뛰어넘는 일이기도 하다.

아직은 소주가 막걸리에 비해 출고량에서 한참 뒤처져 있던 1980년대 초반의 얘기다. 듣도 보도 못한 스타일의 시(詩) 한 편이 튀어나왔다. 이름에서부터 '노동 해방(노해)'을 표방한 박노해 시인의 「노동의 새벽」이란 시는 이렇게 시작한다.

전쟁 같은 밤일을 마치고 난
새벽 쓰린 가슴 위로
차가운 소주를 붓는다
아
이러다간 오래 못가지
이러다간 끝내 못가지

새벽 쓰린 가슴은 시인 본인의 것이었을까, 시인과 함께 공장 노동을 하던 동료들의 것이었을까? 아마도 그 가슴은, 아직까지 거친 광야처럼만 느껴지던 1980년대 초반을 살고 있는 모든 동시대인의 가슴이었을 것이다. 서민들은 그렇게 자신의 고달픈 일상을 차가운 소주로 위로했을 것이다.

그때의 소주는 지금과 많이 달랐다. 알코올 도수 17도 안

퓪의 순한 소주가 아니었다. 1970년대 중반 이후에는 25도 짜리 소주가 한 세대를 풍미하고 있었다. 그러니까 전통의 증류 소주에는 한참 못 미쳤지만 그래도 꽤 독한 소주였다. 시인과 시인의 공장 동료, 모든 동시대인은 그렇게 독한 소주 몇 잔으로 자신의 쓰린 가슴을 달랬다.

값싼 곡물로 만든 주정을 물에 희석하고 아마도 소량의 사카린으로 맛을 냈을 그 맑은 액체는 그냥 액체가 아니었다. 시대와 그 시대의 사람들을 위로하던 명약(名藥)이었다. 사람들은 맑은 소주 한 잔에 전쟁 같은 밤일의 피로를 씻어내고, 상처받은 가슴을 어루만졌다.

안동소주, 문배주 같은 고가의 전통 소주는 할 수 없는 일이었다. 소주 그 자신이 삼류(三流)였기에 사회 도처의 '삼류 인생'들을 위로할 수 있었던 것이다.

1960년대 선술집의 애환

시대를 거스르고 사람을 달리해도 소주는 언제나 비루한 삶의 현장을 지켜주었다. 김승옥의 소설 『서울, 1964년 겨울』은 이렇게 시작한다.

1964년 겨울을 서울에서 지냈던 사람이라면 누구나 알고 있겠지만, 밤이 되면 거리에 나타나는 선술집…… 오뎅과 군참새와 세 가지 종류의 술 등을 팔고 있고, 얼어붙은 거리를 휩쓸며 부는 차가운 바람이 펄럭거리게 하는 포장을 들치고 안으로 들어서게 되어 있고, 그 안에 들어서면 카바이드 불의 길쭉한 불꽃이 바람에 흔들리고 있고, 염색한 군용(軍用) 잠바를 입고 있는 중년 사내가 술을 따르고 안주를 구워주고 있는 그러한 선술집에서, 그날 밤, 우리 세 사람은 우연히 만났다. 우리 세 사람이란 나와 도수 높은 안경을 쓴 안(安)이라는 대학원 학생과 정체를 알 수 없었지만 요컨대 가난뱅이라는 것만은 분명하여……

김승옥이란 소설가는 당시 혜성처럼, 그러니까 1990년대식으로 말하면 가수 서태지처럼 돌연히 문단에 나타난 작가였다. 그래서 그가 자신의 대표 소설에 표제로 내세운 1964년은 문학사적으로도 중요한 해였지만, 희석식 소주의 입장에서도 아주 의미심장한 해였다.

왜냐하면 바로 직후인 1965년 희석식 소주의 원류이며 동반자이자 경쟁자였던 증류 소주가 자취를 감추기 때문이다. 애주가들의 입맛 수준이 떨어졌거나, 상대적으로 높은 가격으로 인해 수요가 사라졌기 때문은 아니다. 정부가 새로운 양곡 정책을 시행하며 더 이상 쌀로는 술을 빚지 못하도록

했기 때문이다.

이유야 어찌 됐든 1964년은 희석식 소주가 막걸리와 함께 '서민 술'의 핵(核)으로 떠오를 채비를 하고 있던 바로 그 시기였다.

그래서 작가가 포착한 서울 어느 거리의 선술집에서 오뎅·군참새 등과 더불어 팔리던 '세 가지 종류의 술' 중에도 당연히 소주가 포함돼 있었을 것이다. 나머지는 뭐였을까? 아마 막걸리도 포함돼 있었으리라. 맥주는 지금처럼 대중화되기 전이었다.

소주는 그렇게 길거리 모퉁이에서, 삶의 희망이라고는 가지지 못한 '나'와 대학원생 안(安)과 그리고 정체를 알 수 없는 가난뱅이 한 사람의 허망한 가슴을 쓸어줄 채비를 하고 있었던 것이다.

피난민의 술, 실향민의 술

어찌 보면 막걸리에 비해 훨씬 독한 이 소주라는 술은, 태생적인 역사적 비애를 품고 있는지도 모른다. 그건 증류식/희석식의 구분을 무색하게 하는 내밀한 일이기도 할 텐데 여기엔 약간의 설명이 필요할 것 같다. 이런 사연이다.

독주(毒酒)는 원래 추운 지방의 술이다. 러시아 사람들이

보드카를 홀홀 마시는 것을 보면 알 수 있는 일이다. 몸속 피를 잘 돌게 해 추위를 이겨내려는 삶의 지혜이기도 하다. 같은 이유로 한반도의 북부 지역 사람들 역시 독한 술을 선호했다. 그 지역에서 소주가 인기를 얻는 일은 불가피했다.

남쪽은 따뜻하다. 독한 술이 쉽게 들어가겠는가? 햇볕 쨍쨍한 여름날 알코올 도수 40도짜리 술을 들이켠다고 해보라. 몸속의 피가 빨리 돌아 아마 음주자를 길바닥에 쓰러뜨리고 말 것이다. 그래서 우리가 자주 먹던 술은 막걸리였다. 그게 아니라면 막걸리를 한 번 거른 약주 정도다.

그러다 비극이 있었다. 한반도에 전쟁이 나고, 북쪽 사람들 중 많은 이들이 때론 이념을 위해, 사실은 그보다 생존을 위해 남쪽으로 향했다. 실향민이 되고 말았다. 그들 실향민의 상심(傷心)을 어루만질 수 있는 건 무엇이었을까?

소주는 치유하기 어려운 그들의 상심을 순간적으로나마, 빠르게 마비시켜주는 약(藥)이었다. 게다가 막걸리와 약주가 대세인 남쪽에서, 잃어버린 고향의 체취를 간접적으로나마 느끼게 해주었다. 이른바 향수(鄕愁)를 달래주는 수단이었다.

20세기 중반의 현대사를 관통한 소주는 피난민의 술이자 실향민의 술이었다. 비교할 수 없이 강한 농도의 애환과 소주가 결합하는 순간이었다.

여담이지만, 희석식 소주의 대표주자라 할 만한 '진로(眞

露)'의 역사에도 피난과 실향의 아픔이 각인돼 있다. 진로 소주의 고향은 평안남도 용강이다. 1924년 그곳에 세워진 진천양조상회에서 진로 소주가 처음 생산됐다. 그때는 희석식 소주가 아니었을 것이다.

그곳에서 태어난 진로도 한국전쟁을 거치며 남쪽으로 본거지를 이동한다. 사람들과 함께 피난을 하고 실향을 했던 것이다.

시대의 암울을 견디다

"1년 동안 소주 1,000병 통음."

이 극악한 기록은 누구의 것일까? 시인 고은 선생의 기록이다. 1975년의 어느 날 쓴 자필 일기의 한 줄이다. 1년에 소주 1,000병을 마시려면 매일 세 병씩을 거의 하루도 빼놓지 않고 마셔야 한다. 시인이 마흔을 전후한 나이에 4년여 동안 하루도 빼놓지 않고 써내려갔던 일기 모음을 본 적이 있는데, 그는 실제로도 얼추 이 정도의 술을 마셨다.

일기는 1973년 4월의 어느 날에 시작해, 1977년 4월의 어느 날 끝난다. 일기는 내내 절망적으로, 또는 필사적으로 사람과 원고와 소주에 집착한다. 오로지 사람과 원고와 소주에

만 집착한다. 시인은 매일매일 동료 문인들을 만나고, 100장 분량의 원고를 쓰고, 어마어마한 양의 소주를 들이켰다.

그게 어떤 시절이었을까?

희석식 소주의 역사적인 맥락에서라면 알코올 도수가 30도에서 25도로 넘어가던 시기였다. 한국 현대사의 맥락에서라면 긴급조치 등으로 정권의 독재가 극을 향해가고 있던 때였다. 전례를 찾아보기 힘들 정도로 암울한 시대였다.

시인의 소주는 그 암울한 시대를 견뎌내는 한 방편이었다. 그 세월을 시인은 매일 매일 대취(大醉)와 집요한 집필의 힘으로 맞선다. 누군가 "술 마시겠느냐?" 물어보면 "술밖에 마실 게 무엇이 또 있느냐?" 하며 허탈해하고 자괴하던 시절이다.

싸구려 술의 위력

이제는 새벽 쓰린 가슴을 훑는 노동자도 없고, 거리의 선술집을 방황하는 젊은이도 없고, 암울한 정치와 역사에 펜으로 맞서는 시인도 사라진 것일까?

그렇지는 않다. 그럴 리도 없다. 같은 모양새는 아닐지라도 삶의 비애와 애환, 그리고 시대의 암울은 우리 곁을 떠나지 않는다. 어쩌면 삶이란 건 시대를 타지 않고 늘 '고(苦)'와

'난(難)'을 동반하는 것인지 모른다.

시대가 바뀌어도 거리에는 실망과 낙담을 감추며 힘겨운 걸음을 옮기는 사람들이 여전히 많다. 그들에게 소주 아니, 소주 맛 술 그러니까 값싼 희석식 소주는 여전히 좋은 동반자다.

삼겹살 집과 감자탕 집에서, 그리고 포장마차에서 샐러리맨과 자영업자와 출구를 모르는 청년들이 희석식 소주 한잔을 앞에 놓고 자신의 고충을 털어놓는다. 고급 양주가 하지 못하는, 전통의 증류식 소주도 하지 못하는 일을 싸구려 희석식 소주는 할 줄 안다.

그것은 어쩌면 희석식 소주이기에 가능한 일인지도 모르겠다. 희석식 소주는 그저 대중을 위한 싸구려 술임이 틀림없다. 화려한 포장도 기막힌 향도 세월의 각인도 없는, 인스턴트 삼류 술에 불과하다.

그러나 그렇게 내세울 권위 하나 없어 소박하기만 한 이 소주가 곁에 없다면 지치고 낙담한 인생들은 대체 무슨 방법으로 격의 없는 대화를 나눌 수 있을까?

희석식 소주는 한국 현대사를 그렇게 헤쳐왔다. 수많은 이들의 애환을 그렇게 위로해왔다. 이런 판국에 소주가 진짜면 어떻고 가짜면 어떻단 말인가?

순수 또는 섹시

기온이 영하 10도 한참 아래로 떨어진 2014년의 어느 겨울날 저녁, 지인들과 식당에 들어갔다. 언 몸을 소주로 녹여볼 심산이었다. 안주를 시키고 소주 한 병을 주문했다. 언제나처럼, 여느 식당에서처럼 아주머니가 물었다.

"이슬이요? 처음이요?"

"처음으로 주세요."

헉, 조인성이라니……

잠시 후 아주머니가 건네준 소주를 받으면서 소스라치게

(까진 아닐지라도 어쨌든) 놀랐다. 소주병의 목 부분을 감싼 스티커 위에서 배우 조인성이 환하게 웃고 있었다.

헉? 조인성이 왜 이 자리에…….

그러고보니 식당 벽에도 조인성이 웃고 있었다. 정갈해 보이는 파란색 와이셔츠 차림에, 오른손에는 투명한 소주잔을 쥔 상태였다. 이빨을 하얗게 드러내고 그 잘생긴 얼굴로 은근한 미소를 보내고 있었다. 포스터에 정감 넘치는 캘리그래피(calligraphy)로 쓰인 "어느 부드러운 봄날 '처음처럼'"이라는 카피는 마치 조인성의 육성 같았다.

그건 나뿐만이 아니었다. 지인들도 나처럼 뜨악한 눈치였다. 소주를 감싼 라벨은, 그러니까 그때까지의 상식으로는 남자 배우가 있을 자리가 아니었기 때문이다. 그게 좌중의 공통된 생각이었다. 물어보지 않아도 그들의 생각이 뭔지 알았고 당황한 표정을 짓는 이유 또한 알 수 있었다.

그러니까 소주병이 됐든 식당 벽이 됐든 그곳에는 이를테면 가수 이효리 같은 여성이 자리 잡고 있어야 했던 것이다.

"흔들어라!" 외치던 그녀

실제로 오랫동안 그 자리에는 이효리가 있었다. 2007년에도, 2008년에도, 2009년에도, 2010년에도, 2011년에도 우리가 주문한 소주가 '이슬' 아닌 '처음'이라면 그 자리는 언제나 이효리가 차지했다. 이효리는 그 자리에서 청바지를 입고, 군살 없는 배를 드러낸 상의를 입은 채 "흔들어라!"를 외치고 있었다. 소주는 흔들수록 더 부드러워진다면서……. 심지어는 소주잔 바닥에도 이효리가 있었다.

직장에서의 고된 일을 끝낸 후 소주를 한잔 걸치러 식당을 찾은 남자 샐러리맨들은 맑은 소주를 입안에 털어넣을 때마다 소주잔 바닥에서 웃고 있는 이효리와 눈을 맞추었다. 하룻저녁 동안만 해도 족히 수십 번은 눈을 맞췄을 것이다.

물론 이효리가 아닐 때도 있었다. 그러나 이효리가 됐든 누가 됐든 소주의 광고 모델은 남자 아닌 여자여야 정상 아닌가? 그게 남녀를 막론하고 소주를 즐기는 이들의 상식이고, 기억이었다. 실제로도 그렇지 않았던가?

물론 꼭 그렇지는 않았다. 조인성 이전에도 남자 연예인 몇몇이 소주를 광고한 적이 있다. 그러나 소수에 불과했다. 설령 광고한다 한들, 남성 모델들은 금방 잊히기 일쑤였다. 우리의 기억 속에 선별적으로 남아 있는 소주의 광고 모델은 모두 여성이었다.

이영애부터 아이유까지

소주 시장은 전국적으로 보면 '참이슬'이 압도적인 우세를 보이지만, 수도권만 떼어놓고 보면 '참이슬'과 '처음처럼'이 치열한 경쟁을 벌이고 있는 형국이다. 두 소주가 지난 10여 년 동안 내세운 스타들(남자는 빼고!)을 한번 나열해보자. 당대의 대중문화 지도가 한눈에 보인다고나 할까? 하여튼 어마어마하다.

먼저 '참이슬'.

> 1990년대 이영애
> 2000년대 황수정 박주미 김정은 최지연 김태희
> 　　　　　성유리 남상미 하지원 김아중 김민정
> 2010년대 문채원 이민정 공효진 아이유

다음은 2006년에 출시된 '처음처럼'.

> 2000년대 김윤아 이영아 이효리 유이 구혜선
> 2010년대 현아 · 구하라 · 효린 신민아

영화배우 · TV 탤런트 · 가수를 가리지 않는다. 가릴 이유가 없다. 일상에 지친 뭇 남성의 마음을 사로잡는 여성을 누구보다도 빠르게 포착해 전면에 배치하기 위해서다. 동네 마트에서라면 1,000원 안팎, 식당 기준이라면 3,000원 안팎의 이 저렴한 희석식 소주를 팔기 위해 최고 몸값의 스타들이 총동원됐다.

그러나 물론 인기만 가지고 그렇게 비싼 몸값을 지불했을 리는 없다.

당연한 얘기겠지만 여성 모델은 철저한 계산에 따라 선정된다. 소주 자체의 변화, 그리고 공략 대상의 변화를 반영해 모델들도 많은 변화를 겪었다.

순수하게, 부드럽게

1990년대 후반까지는 초대형 스타를 동원한 공격적 마케팅이 소주업계에 그리 필요하지 않았다는 사실을 우선 짚고 넘어가야겠다. 돌이켜 보면 반(反) 자본주의적 제도지만 1996년 말까지는 자도주(自道酒) 의무판매제도란 게 있었다. 각 도(道)마다 대표적인 한 개의 소주업체를 선정해 일정량의 판매율을 보장해줬던 것이다. 이 제도는 당연히 위헌 판결이 났고, 1996년부터 소주업계는 자유경쟁에 돌입했다.

유명 모델들이 본격 등장한 것은 그때부터였다.

그런데 당시 소주업계의 화두(話頭)는 순함과 부드러움이었다. 1973년 이후 오랫동안 소주 알코올 도수의 마지노선이었던 25도가 1996년 즈음 무너지고 말았다. 또 소주업체들은 알코올과 함께 희석식 소주의 양대 재료인 물의 깨끗함을 강조하기 시작했다. 저마다 순하고(25도 미만), 부드럽다는(정제수) 특성을 강조했던 것이다.

이영애·박주미 같은 순수하고 부드러운 이미지의 모델들이 그런 맥락에서 등장했다.

이영애는 '참이슬' 광고 속에서 "반했어요. 처음엔 보통 소주이겠거니 하고 마셨더니 그 깨끗한 맛이란!"이라고 말했다. 박주미는 대나무 숯을 이용한 정제 방식을 표현하기 위해 대나무를 무더기로 안은 채 "깨끗한 오늘을 위해, 깨끗한 아침을 위해"라고 말했다.

2006년에 처음 출시된 '처음처럼'의 초창기 광고 모델은 밴드 '자우림'의 리드 보컬 김윤아였는데, 그녀는 사실 기존의 모델들과는 느낌이 좀 다르다. '참이슬'이 확고하게 장악하고 있는 희석식 소주 시장을 흔들어야 했기 때문이었을 것이다. '처음처럼'은 대중음악의 테두리 안에서 활동하면서도 독창적인 노래를 내놓았던 김윤아의 파격에 주목했던 게 분명하다.

파격의 이미지를 가져가긴 했지만 김윤아가 등장한 광고

의 카피 역시 '처음처럼'이 순수한 물을 사용했음을 강조했다. "세상이 바뀌었다, 알칼리 환원수 소주로!"라고 광고 속 김윤아는 외쳤다.

섹시하게

그런데 언제부터였을까? 소주 광고의 최장수 모델이자 지존(至尊)이었던 이효리의 등장 때문일까? 소주 광고 모델들이 일제히 섹시함을 강조하기 시작한다.

'처음처럼'의 이효리가 몸에 달라붙는 짧은 의상을 입고 "흔들어라!"를 외친 후부터, 소주 광고는 오랫동안 섹시 아이콘들의 각축장이 되었다.

이효리가 소주 광고 시장에 회오리를 일으키고 있을 무렵, '참이슬'이 발탁한 모델은 하지원이었다. 이효리가 특유의 섹시함으로 소주 소비자들을 사로잡았기 때문일까? 영화배우 하지원이 등장한 광고 콘셉트 역시 섹시함이었다. 섹시함으로 맞불을 놓겠다는 것이다.

하지원은 '참이슬' 광고 속에서 가슴골은 물론 단련된 탄탄한 복근을 드러냈고, 치마를 마릴린 먼로처럼 바람에 날리는 모습을 연출하기도 했다. 이효리와 하지원이 격돌하던 2008년 즈음이 섹시 콘셉트 소주 광고의 전성시대라 하겠다. 비슷한 시기에 등장했고 그 이후로도 끊임없이 등장한 여성 모델들은 대부분 밀착형 드레스나 탱크톱, 그리고 핫팬 츠로 무장하고 자신들의 몸매를 적극적으로 드러냈다.

이효리의 덕을 톡톡히 보았던 '처음처럼'은 나중에 걸 그룹을 모델로 등장시키기도 했다. 한 팀만을 내세운 것도 아니었다. '씨스타(SISTAR)'의 효린과 카라(KARA)의 구하라 그리고 포미닛(4MINUTE)의 현아가 아예 한꺼번에 등장해 댄스 배틀(dance battle)을 벌였다. 청순하면서도 글래머러스 (glamourous)한 보디라인을 한껏 강조하면서 말이다.

남자 모델들

물론 남자 모델도 있었다. 앞서 말한 대로 조인성이 소주를 광고한 첫 번째 남자 모델인 건 아니었다.

허영만 화백과 류승완 영화감독이 소주 모델이었다는 사실을 아는가? 청순하든 섹시하든 간에 소주 광고를 여성 모델들이 장악하다보니 사실 뜬금없는 느낌마저 든다.

허영만 화백은 김윤아와 함께 '처음처럼'의 초창기 모델이었다. 그가 만화 『타짜』와 『식객』의 영화화로 상종가를 치고 있을 때였다. '처음처럼' 측은 당시 "만화를 예술 장르로 변화시킨 허 화백의 이미지를 높이 샀다"며 발탁의 이유를 밝혔다.

류승완 감독은 허 화백의 후임이었다. 두 사람 다 광고에서 "세상이 바뀌었다"라고 외쳤다. 자기 분야에서 성공한 전문가를 내세워 '참이슬'이 장악한 소주 시장의 판도를 바꾸고 싶음을 드러낸 것이다.

그 이후로도 남자 모델은 간간이 등장했다. 조인성 이전에 배우 유아인과 지성 등이 있었다. 단독 모델은 아니었다. 유아인은 문채원, 지성은 김민정과 함께 커플로 등장했다. 그래봐야 소주 광고에 남자 모델이 나오는 경우는 가뭄에 콩 나듯 할 정도였다.

그러다 글로벌 스타 싸이가 드디어 소주 광고계에 나타났다. 가수 싸이는 자신의 노래 '강남 스타일'의 인기를 업고 소주 광고에까지 진출한 것이다. 싸이는 2013년 '참이슬' 광고에 등장해 "월드 베스트!"를 외쳤다. '참이슬'은 소주 라벨에 싸이의 사진을 붙여 해외 홍보에 박차를 가했다.

소주 전쟁

자본주의에서 시장은 곧잘 전쟁터에 비유된다. 기업은 기획력과 마케팅 능력, 영업력을 무기로 날이면 날마다 경쟁사와 전투를 벌인다. 소주업계도 그렇게 치열한 경쟁을 벌이는데, 그 양상이 사뭇 비장하다. 때론 '국가안보'나 '북한' 또는 '이적단체'라는 용어가 등장하기도 한다.

소주와 국가안보

거짓말이 아니다. '처음처럼'의 인터넷 홈페이지에는 언제부터인지 모르지만 '처음처럼 악성 루머'라는 카테고리

(category)가 마련되었다. 심지어 초기 화면에 노출되어 있다. 포털 사이트에서 '처음처럼'을 치고, 클릭해 홈페이지에 들어가면 상단에 '처음처럼 악성 루머' 카테고리가 등장한다 (2015년 1월 당시의 상황). 이 카테고리가 언제 사라질지 모르니, 여기에 대해 조금은 구체적으로 기록해둘까 한다. 해당 카테고리를 클릭하면 굵고 큰 명조 폰트로 쓰인 단호한 제목이 나타난다.

'처음처럼'은 절대로 국가안보를 저해하는
단체를 지원하지 않습니다.

많이 황당하다. 도대체 무슨 일이 있었기에 국가안보를 저해하는, 그러니까 이적단체를 지원하지 않는다는 글을 눈에 띄게 올려놓았을까? 전문(全文)을 흘려보겠다. 아까 말한 대로, 언제 사라질지 모르니⋯⋯. 다소 길지만 상당히 흥미로운 얘기다. 일부 비문(非文)과 맞춤법·띄어쓰기의 오류가 있지만 그대로 옮겼음을 밝힌다. 제조사가 '두산'인 것으로 나오는데, '처음처럼'의 주인은 2009년 이후 롯데주류로 바뀌었다. 그 정도의 사실만 인지하고, 함께 내용을 검토해보자.

'처음처럼'의 판매수익금의 일부가 좌익 또는 북한 세력에 지원 된다는 소문이 있습니다. 이 같은 루머는 1986년 통혁당 사건으로 복역한 전력이 있는 신영복교수님의 '처음처럼' 로고 서체를 사용한 것이 연유가 된 것 같습니다.

2006년에 소주 '처음처럼'을 출시한 두산은 로고 서체 사용을 허락에 대한 감사의 사례비를 신영복 교수에 제의하였으나, 교수께서는 완강히 거절하였습니다. 다만, 본인보다는 후학들을 위하여 써줄 것을 당부하셔서, 성공회대 장학금 1억을 기부하는 것으로 대체되었습니다.

그래서, 당시의 두산 한기선 사장은 2006년 1월 31일에 성공회대 새천년관 4층 회의실에서 장학금을 전달하게 되었습니다.

신영복 교수의 서체를 사용하였다는 사실만으로 이적단체에 기금이 지원된다는 루머가 군부대나 정관계에서 돌고 있는데, 이는 내용을 잘아는 경쟁업체들의 비방으로 추측됩니다.

'처음처럼'은 성공회대 1억원 장학금기부 외에는 어떠한 금전적 지출도 없었음을 말씀드리오니, 부디 일말의 오해도 없기를 바랍니다.

바이럴 마케팅?

홈페이지에 담긴 이 기이한 내용을 어떻게 봐야 할까?

그러니까 롯데주류가 하소연을 늘어놓은 이유는 누군가 소주 '처음처럼'을 용공(容共)의 도구인 것처럼 음해하고 있기 때문이라는 것이다. 판매수익금의 일부를 떼어 좌익 단체에 지원하고 있다는 소문이 있다는 것이다. 롯데주류의 주장대로 이 정도면 분명 악성 루머다. 참으로 지독한 마타도어(matador: 흑색선전)임에 틀림없다. 회사는 루머를 유포한 당사자로 '관련 내용을 잘 아는 경쟁업체들'을 지목했다.

괴소문의 유포지를 '군부대나 정관계'로 한정한 걸 보면, 사실 이 루머가 소주 소비자들의 인식에까지 영향을 미친다고 보지는 않은 것 같다. 그도 그럴 것이 지나치게 황당하지 않은가? 한국의 어엿한 대기업이 소주 팔아서 남긴 돈을 북한에 건네준다니? '처음처럼'의 서체 사용을 허락해준 신영복 교수가 강의하다가 웃으시겠다.

어쩌면 전형적인 바이럴 마케팅(viral marketing)의 일환일 수도 있다. 그냥 호사가들의 가십(gossip) 거리일 뿐이고 전혀 정색하고 반응할 얘기도 아닌데, 마케팅 차원에서 홈페이지에 올린 것일 수도 있다는 얘기다.

그러나 어느 쪽이 진짜 이유이든 '처음처럼' 홈페이지의 황당한 게시문은 소주업계에서 벌어지는 진흙탕 싸움의 일면을 보여준다. 이 게시물을 과연 경쟁업체가 롯데주류를 비방한 것으로 봐야 할지, 롯데주류가 경쟁업체를 비방한 것으로 봐야 할지는 다소 헷갈리지만, 확실한 것은 소주업계의 경쟁이 과열 양상을 띠고 있다는 것이다.

루머 전쟁

그러나 악성 루머를 둘러싼 소주업계의 싸움을 단순한 해프닝 차원으로 봐주기는 쉽지 않다. 사활을 건 그들의 전투에 검찰이 개입하는 수도 있기 때문이다.

당연하게도 주로 1·2위의 업체가 싸움을 벌이는데 그 양태는 그야말로 가관이다. 도를 넘은 유치함에 웃음이 나기도 하는데, 회사의 일부 직원들이 형사 입건되고 실형을 선고받기도 하니, 그냥 웃어넘길 일은 또 아니다.

잊을 만하면 반복적으로 돌출되는 소주업계의 전형적 악성 루머 전쟁은 바로 '물'을 둘러싸고 벌어진다. 예컨대 이런 식이다.

A업체가 소주를 만들 때 사용한다고 자랑하는 정제수에 인체에 해로운 물질이 포함돼있다는 소문이 시장에 떠돈다. 이 소문은 일부 언론을 통해 "~라 카더라"는 내용으로 무책

임하게 기사화되기도 한다. 경쟁사인 B업체의 직원들은 잽싸게 그 정보를 시장에 다시 퍼뜨리고 다니며 영업에 이용한다. 고소·고발이 이어지고 각 업체에 벌금형이 선고되기도 한다.

얼마 있지 않아 이번에는 B업체의 소주에서 경유가 검출됐다는 소문이 돈다. 일부 언론이 소비자들에게 빨리 정보를 전해야 한다는 굳은 신념으로 "~라 알려졌다"고 보도한다. 조사 결과 경유는 검출되지 않았다. 그러나 이미 그 정보는 경쟁업체 영업사원들의 입을 타고 멀리까지 나아간 뒤다. 그리고 이어지는 수사, 입건, 실형…….

왜 유독 소주시장만

꼭 소주업계가 아니더라도 식품업계의 전쟁은 치열하고 첨예하다. 무엇보다 선정적인 뉴스가 자주 돌출되는 곳이다. 소비자들의 일상·건강과 직결되기 때문일 것이다.

멀게는 라면업계의 우지 파동, 쓰레기 만두 사건으로부터 가깝게는 광우병 쇠고기 파동까지 식품업계에서 튀어나오는 사건·사고의 파장은 깊고도 오래간다. 세균, 첨가물, 중금속, 유전자 변형 등을 놓고 벌이는 식품업계의 이슈들을 떠올려보라. 소비자들은 자신의 건강을 해칠 수 있는 뉴스들에 대해 분노를 넘어 공포를 느낀다.

그러한 민감함 때문에 기업들의 마케팅 활동은 경쟁업체를 악의적·적대적으로 비방하고 싶은 유혹에 너무나 쉽게 빠져든다. 그런 정황을 감안하더라도 루머에 흑색선전까지 서슴지 않고 동원하는 소주업계의 적대적 마케팅은 곧잘 합리적인 선을 넘고 만다. 왜일까?

그것은 아마도 상품 자체의 단순성과 제조 과정의 단순함 때문이 아닐까 싶다.

소주는 주정과 물, 첨가물 이 세 가지 요소가 단순하게 조합된 상품이다. 상품 자체를 차별화할 수 있는 요소가 사실 많지 않다. 10여 개의 주정 전문업체에서 생산되고 ㈜대한주정판매를 통해 일괄적으로 판매되는 주정의 질(質)에 대단한 차이가 있는 것도 아니다. 그저 95퍼센트 순도의 에틸알코올일 뿐이다.

또 다른 중요 재료인 물의 품질에도 갖가지 레토릭(rhetoric: 수사)이 동원되지만, 사실 물이 물일 뿐이지 달라야 얼마나 다르겠는가. 완제품에 들어가는 숱한 화학적 첨가물들이야 말할 필요조차 없다.

언제 시간이 나면, 희석식 소주의 대표주자 '참이슬'과 '처음처럼'을 포함해 전국 각지에서 시판되는 주요 소주 10여종을 테이블에 놓고 시음(試飮)해보시라. 이 소주가 저 소주고, 저 소주가 이 소주다. 맛이 다 비슷하다. 절대 미각이 아니면 절대로 그 맛의 차이를 구분하지 못한다.

자, 이러다보니 남는 것은 마케팅과 영업뿐이다. 크게 보아 소주를 둘러싼 '말'에 집중하고, 그 '말'로 경쟁업체들을 제압해야 한다. 기댈 게 '말'밖에 없으면, 그 '말'에 과도하게 매달리게 되게 마련이다.

마침내 악성 루머에 마타도어까지 서슴지 않게 된다.

1도(道) 1주(酒)의 흔적

소주업계에 만연해 있는 특유한 경쟁 행태를 하나만 더 짚어보기로 한다. 어느 업계에서나 흔하게 벌어지곤 했던 마케팅 전쟁에 관한 언급은 생략하겠다. 우리나라 소주 시장에서만 벌어지는 독특한 싸움만 간단히 소개할 생각이다. 그러기 위해선 이미 폐지된 지 20년이 다 되어가는 소주의 지역 할당제에 잠시 주목해야 한다.

2000년대 중반 이후 서울·수도권에 사는 사람들은 소주하면 으레 '참이슬'과 '처음처럼'만 떠올리겠지만, 시야를 전국으로 넓히면 생각보다 많은 소주들이 있는 걸 알 수 있다.

부산에 가면 '좋은데이'(무학)와 '시원블루(C1)'(대선주조)이 있고, 대구·경북에 가면 '참소주'(금복주)가 있다. 광주·전

남에는 '잎새주'(보해양조)가 있고, 제주에 가면 한라산이란 지역 기반 회사가 만든 '한라산'이 있다. 그 외에도 충북의 '시원한 청풍', 대전·충남의 '린' 등 지역별 대표 소주가 존재한다.

최근 소주업계의 강자인 하이트진로와 롯데주류가 자본력을 내세워 지방 소주업체들을 인수하는 바람에 경계가 흐릿해졌지만, 예전에는 각 도(道)별로 대표적인 희석식 소주가 하나씩 있었다. 자도주(自道酒)란 용어가 엄연했고, 1도(道) 1주(酒)라는 간편한 원칙도 있었다.

오래전 얘기지만 지난 1973년에 만들어진 주류제조 통·폐합 정책 탓이다. 소주 광고에 대해 얘기하면서 잠깐 언급한 적이 있는데, 그 통·폐합 정책의 도구가 바로 자도주 의무판매제도였다.

요컨대 해당 지역 업체가 생산한 소주의 일정량 판매를 제도적으로 보장해준 것인데, 이 제도에 따라 각 지방의 주류 도매업체는 의무적으로 자기 지역의 소주를 50퍼센트 이상 구입해야 했다. 이 제도는 1996년 말에 위헌 판결을 받아 역사 속으로 사라졌지만, 20여 년간 지속된 지역 할당의 여파가 쉽게 사라질 수는 없었다.

수도권 - 지방 대격돌

이것이 바로 지역 특산품도 아닌 희석식 소주, 말하자면 소주 같은 공산품이 각 지역별로 자신의 아성(牙城)을 구축할 수 있었던 이유다. 그러나 물론 정책과 제도가 더 이상 받쳐주지 않는 지역 할당제가 영원히 지속될 수는 없었다.

그래서 소주 시장에 특유한 또 하나의 전쟁이 불가피해졌다. 바로 수도권과 지방 소주업체 간의 일대 격돌이다.

시발(始發)은 수도권 업체들의 공격이었다.

수도권 소주 시장을 양분하고 있는 하이트진로(참이슬)와 롯데주류(처음처럼)가 먼저 지방을 치기 시작했다. 오랫동안 지역의 패자(覇者)를 자임했던 업체들이 무너지기 시작했다. 전북에 기반을 뒀던 보배는 하이트진로에 인수당했고, 충북에 기반을 뒀던 충북소주는 롯데주류에 인수되고 말았다.

상황을 지켜보고 있던 지방의 다른 패자(覇者)들 역시 가만히 있을 수 없었다. 먹지 않으면 먹히는 싸움판에서 수성(守成)은 아무런 의미가 없다는 사실을 깨달았기 때문이다. 장고(長考) 끝에, 2015년을 즈음해 부산·경남의 소주 회사들이 수도권 공략에 급발진을 걸기 시작했다.

무학이 부산 시장을 석권한 '좋은데이'를 들고 서울의 대학가와 강남 지역에 침투하기 시작했고, 대선주조도 '시원블

루(C1)'를 들고 수도권 음식점과 마트의 판로를 뚫기 시작했다. 제주의 '한라산'도 청정 제주의 이미지를 등에 업고 서울 공략을 활발히 하고 있다. 소주를 아예 '한라산'만 갖다 놓고 판매하는 식당도 있을 정도다.

1996년에 지역 할당이 사라진 뒤 이미 많은 시간이 지났다. 그러나 지역 소주에 대한 해당 주민들의 수요는 일종의 향수(鄕愁)와도 같은 감성과 결합돼 쉽게 수그러들지 않았다. 그래서 뒤늦게 시작된 수도권·지방 소주업체들의 전국 단위 쟁탈전은 소주의 역사와 감성이라는 변수를 동시에 품게 됐다. 그러한 변수를 염두에 두고 풀어내야 하는, 대단히 고난도의 싸움이 되고 만 것이다.

막소주

소주 중에 막소주라는 것이 있다. 막소주는 물론 소주의 종류를 말하는 것이 아니다. 소주를 얕잡아보고 하는 말이다. 희석식 소주란 게 그렇다. 공장에서 알코올과 물, 감미료를 섞어 만들다보니 오랜 시간 발효하고 숙성시킨 여타 술들에 비해 가격이 매우 저렴하다. 그래서 오랫동안 막소주라는 별명을 달고 다닌 것이다.

그런데 막소주는 값싼 술이란 뜻 외에 독한 술이란 뜻도 함께 갖고 있다. 막소주에 대한 기억을 되살리면서 소주의 도수가 변해온 과정에 대해서도 간략히 살펴볼까 한다.

막소주에 대한 추억으로 이야기를 시작하자.

막소주의 추억

소주 얘기만 계속 해댔더니 술을 안 마셔도 취하는 것 같다. 취기(醉氣)도 날리고 머리도 식힐 겸, 소설의 한 대목을 감상하면서 이야기를 끌고 갈까 한다. 소설가 황석영 선생의 『객지』중 일부분이다.

> 장 씨는 대위의 다음 말을 막았다. 목 씨가 **막소주** 두 병을 들고 들어왔다. 다섯 사람은 소주를 양은그릇에 따라 돌렸다. 목 씨가 오징어 다리를 찢으며 입맛을 다셨다.
>
> "개장국 한 그릇 걸쳤으면 후련하겠는데. 지난달에 운지 나가서 목구멍을 달래보고는…… 거 되게 비싸더구만. 먹구 나니까 아깝긴 해두, 어 그 참 매끈한 게 말이지."

소주에 마른 오징어……. 썩 잘 어울리는 조합은 아니지만, 그때는 이런 조합으로도 술과 안주를 먹었던 모양이다.

'막소주'라는 단어에 굵게 표시를 한 것만 제외하고는 본문 그대로를 인용한 것이다. 물론 막소주가 등장하는 소설은 『객지』말고도 수두룩하다. 굳이 『객지』를 고른 것은, 막노동을 업(業)으로 삼은 주인공들 때문이다. 『객지』는 우리나라가 급속한 산업화의 물결을 타고 있을 때, 농촌을 이탈해 날

품팔이 막노동자로 전락한 이들의 힘겨운 삶을 그리고 있는 소설이다. '막'노동판의 '막'소주, 그럴싸하지 않은가? 그래서 골랐다.

그건 그렇고, 정작 소주와 관련된 맥락에서 중요하게 살펴봐야 할 것은 소설의 시간적 배경이다.

30도 소주만 막소주?

『객지』가 문예지 「창작과 비평」에 발표된 게 1971년 봄이라 하니까, 소설의 무대는 대개 1960년대 말쯤으로 볼 수 있겠다. 그러면 소설 속 막노동자 목 씨가 들고 온 막소주는 몇 도짜리 소주였을까? 알코올 도수 말이다.

우선 소주 도수의 역사를 잠깐 살펴봐야 한다.

1964년까지는 증류식 소주와 희석식 소주가 사이좋게 공존했다. 1964년까지? 그때 무슨 일이 있었을까? 1965년에 양곡 정책이 바뀌면서 곡물로 증류주를 빚는 걸 정부가 제도적으로 금지해버렸다. 희석식 소주가 본격적으로 자신의 시대를 맞이하게 된 것인데, 그때 소주의 알코올 도수가 대개 30도였다.

물론 30도의 시대가 영원하지는 않았다. 1973년에 30도의 벽이 허물어진다. 그런데 그 이유가 좀 황당하다. 그때 주정(酒精) 배정제도라는 게 생겼는데, 말하자면 소주의 원료인 알코올을 정부가 나서서 생산업체에 할당해주는 것이다. 이제 재미난 일이 벌어진다.

자, 주정의 양은 제한돼 있다. 소주 회사들은 가급적 많은 소주를 만들어 더 많이 팔려고 한다. 어떻게 해야 할까?

물이야 어디서든 더 퍼오면 된다. 그러나 주정의 양은 한정돼 있다. 소주 회사들은 소주 한 병에 들어가는 주정의 양을 줄이기 시작했다. 그래야 소주 개수를 늘릴 수 있으니까. 그래서 소주의 알코올 도수가 5도쯤 내려갔다. 25도가 소주의 대세가 된 것이다.

자, 이제 『객지』에 등장하는 막소주의 알코올 도수를 알 수 있다. 그 소주는 아마도 30도였을 것이다. 브랜드는? 당연히 '참이슬'이나 '처음처럼'은 아니었을 것이다. 아쉽게도 브랜드는 알아낼 수 없다. 당시엔 수십 개의 소주 회사가 난립하고 있었기 때문이다.

25도 소주의 25년 아성

그렇다면 막소주는 꼭 30도여야 하는가? 그렇지는 않다. 어떤 술이 얼마나 독한가 하는, 그러니까 알코올의 '체감' 도수가 어느 정도인가 하는 것은 상대적인 문제다. 몇 도짜리 술을 '막소주'로 볼 것인가? 이 문제도 상대적인 기준을 가질 수밖에 없다. 옛 신문 기사를 하나 보도록 하자. 「한겨레」 1999년 5월 17일자 기사다.

막소주의 시대가 가고 순한 소주 시대가 오고 있다.

16일 주류업계에 따르면 '알코올 농도' 25도 미만의 순한 소주는 지난 3월 3만 5,278킬로리터가 팔려 전체 소주 시장(7만 6,150킬로리터)의 46.3퍼센트를 차지했다. 순한 소주는 다음 달을 기점으로 전체 소주 시장의 절반 이상을 차지하면 알코올 농도 25도짜리 '막소주'를 밀어내고 한국의 대표 술로 자리 잡을 것으로 전망된다.

보라. 20세기 말 기준으로 막소주의 기준은 30도가 아니라 25도다. 30도에 비해 5도나 떨어져 충분히 순해졌는데도, 사람들은 25도를 독주로 인식하고 있었다. 그럴 만도 하다. 25도가 소주의 대세가 된 게 1974년이었으니, 순한 소주 기사가 나온 1999년이면 이미 25년이나 지나지 않았나.

25년간 한국의 대표 소주로 아성을 공고히 하는 동안, 25도 소주는 값싸고 독한 막소주의 지위를 차지했던 것이다.

길고도 긴 치세(治世)였다. 중장년층에게 "젊었을 때 마셨던 소주가 몇 도인가?" 하고 한번 물어보라. 그들이 추억하는 소주의 도수는 대개 25도다. '소주＝25도'라는 인식에는 그만한 역사적 이유가 있는 것이다.

25도 소주의 치세가 25년이나 계속되다보니 웃지 못할 해프닝도 생겼다.

도수 사기?

25도 소주가 여전히 전성기를 구가하던 1990년 5월의 일이다. 한 소비자단체가 당시에도 요즘처럼 인기를 누리던 진로소주의 맛에 대해 시비를 걸고 나섰다. 정당한 시비였다.

"소주 맛이 너무 순하다! 아무래도 25도에 못 미치는 것
같다!"

소비자단체는 시비를 거는 데 머물지 않았다. 직접 알코올 도수 확인에 나섰다. 소비자보호원에 조사를 의뢰한 것이다. 조사팀은 슈퍼마켓 세 곳을 무작위로 골랐다. 그러고는 슈퍼마켓 한 곳당 소주 한 병씩을 수거했다. 물론 라벨에 '알코올 함량 25%'라고 찍혀 있는 진로소주였다.

물론 사람이 하는 일인데 오차가 없을 수는 없다. 그래서 당시 소주 제조공정법은 ±0.2퍼센트의 오차를 인정하고 있

었다. 그러니까 만약 알코올 함량을 테스트했는데, 24.8퍼센트나 24.9퍼센트가 나온다면, 그건 25퍼센트로 인정해준다는 얘기였다.

자, 결과는 어떻게 나왔을까? 소비자보호원은 얼마 후 무작위로 수거해 온 소주 세 병의 알코올 함량 테스트 결과를 공개했다.

22.49퍼센트/ 23.57퍼센트/ 24.28퍼센트

세 병 다 알코올 함량 미달이었다. 25도가 되지 않았다. 물론 ±0.2퍼센트의 오차 범위도 모두 넘기고 말았다. 소비자들은 25도 소주로 알고 술을 구입했는데, 사실은 그것이 22~24도의 소주였던 것이다.

진로소주를 사랑했던 이들은 진노했다.

그리고 회사의 저의를 의심했다. 소주의 3대 요소 즉 주정과 물과 첨가물 가운데 가장 비싼 것은 당연히 주정, 즉 에틸알코올이다. 당시 기준으로 출고 가격에서 주정 가격이 차지하는 비중이 60퍼센트 정도였다. 소비자들은 "일부러 알코올 함량을 조금씩 낮춰 원가를 절감하려는 속셈 아니냐?"고 반발했다.

물론 진로는 극구 부인했다. 국세청기술연구소란 곳에서

수시로 품질 검사를 받기 때문에 소주 도수가 정상 수준보다 낮을 리 없다는 것이었다.

물론 소비자들에게 그런 해명이 먹혀들 리 없었다.

파장은 상당 기간 지속됐다.

순하게 더 순하게

그렇게 소비자들이 집착하고 사랑했던 '25도'였지만, 그 벽이 한번 무너진 뒤로는 계속해서 무너지기 시작한다. 앞서 얘기한 대로 25도 소주의 25년 치세가 새 천 년을 목전에 둔 1998년을 넘기며 끝이 난 뒤, 소주 도수는 지속적으로 떨어졌다. 막소주의 시대가 끝난 것이다.

23도, 22도, 21도, 20도……

그리고 마침내 2006년, 진로의 후신인 한국 대표 소주 '참이슬'이 19.8도의 술을 내놓았다.

이후로도 막소주는 내리막길을 걷고 있다. 순한 소주의 전성기가 찾아온 것이다. 소주 회사들은 경쟁하듯 도수를 낮추어왔고, 소주의 도수는 2015년 기준으로 17도 선까지 떨어져 있는 상황이다. 17도의 벽을 깬 지방 소주가 있긴 하지만 '전국구 소주'는 아니니 넘어가도록 하자.

소주가 이렇게 계속 순해지다보니 1990년에 일어났던 도

수 사기(詐欺) 의혹이 변형된 양상으로 소비자들 사이에 번지기도 한다. 그러니까 이익을 늘리기 위해, 다시 말해 매출 원가를 낮추기 위해 알코올 함량을 지속적으로 내리는 것 아니냐는 주장이 간헐적으로 등장하는 것이다. 도수를 낮추면 원가가 당연히 줄어드는데, 그렇다고 소주 회사들이 가격까지 내리는 것은 아니니까 말이다.

물론 소주 회사들은 "소비자들의 변한 입맛에 맞추기 위해 소주 도수를 내리고 있다"고 주장한다. 주류 회사들이 함께 만든 한국주류산업협회란 곳이 있는데, 이 협회가 홈페이지에 그와 관련한 해명을 올려놓을 정도다. 협회는 홈페이지에 '희석식 소주에 대한 오해!'라는 카테고리를 만들어 이렇게 쓰고 있다. "희석식 소주의 도수 하향 조정이 이익을 더 내기 위한 꼼수 아니냐?"는 비난에 대한 답변이다.

일부에서는 희석식 소주의 도수가 낮아지는 것이 주류업계의 상술 때문이라고 주장하고 있습니다. 그러나 희석식 소주의 저도화는 웰빙 문화와 소비자의 욕구충족을 위해 만들어진 결과입니다. 그 예로 주류업체에서는 과거와 같은 25도 등 다양한 희석식 소주를 계속 생산하고 있지만 소비자들은 저도주를 선호하고 있습니다.

말이 좀 어려운데 저도주는 '低度酒', 그러니까 낮은 도수의 술을 말한다. 당연한 얘기지만, 개별 소주 회사들의 설명도 같다. 소비자들의 수요가 있으니 소주 자체를 순하게 만든다는 것이다.

그러나 요즘 소비자들의 수요라는 게 어디 소비자들만의 오롯한 선택이던가? 기업들의 현란한 광고와 마케팅에 수시로 휘둘리는 게 소비자들의 마음 아닌가? 지금은 기업의 수요를 자신들의 수요로 착각하고 살아가는 시대가 아닌가.

몇 도짜리 술이 소주인가

그나저나 대체 몇 도짜리 술을 소주라고 하는 것인가? 소주라고 칭할 수 있으려면 최소한 몇 도가 돼야 한다거나 하는 기준이 있을까?

지금이야 이런 황당한 규제가 없어졌지만, 1991년엔가 당시 재무부가 마련한 주세법 시행령 개정안에 그런 내용이 포함돼 있었다. 재무부는 술의 알코올 도수에 대한 제한을 완화한다면서 술 종류에 따른 도수 기준을 공표했다. 지금도 규제가 많지만 그 당시 정부는 참 희한한 것에까지 규제를 가했다. 어쨌거나 역사적으로는 이러한 기준이 존재했다.

탁주: 현행 6~8도에서 6도 이상으로 조정

약주: 10~13도에서 13도 이하로 조정

순곡 청주: 14~19도에서 14도 이하로 조정

증류식 소주: 20~30도에서 30도 이상으로 조정

희석식 소주: 20~30도에서 35도 이하로 조정

주정 첨가 청주: 14~19도에서 25도 미만으로 조정

주정 첨가 맥주: 4도에서 25도 미만으로 조정

소주, 그중에서도 희석식 소주라고 하면 1980년대까지의 통념을 비롯해, 제도적으로 봤을 때도 20~30도 정도의 술이었던 것을 알 수 있다. 그러다 1991년에 정부의 선심(?)으로 일단 하한선이 사라진 것이다. 어차피 지난 일이긴 하지만, 소주는 일단 35도만 안 넘기면 됐다. 10도가 되든 5도가 되든 문제될 게 없다고, 그 정도의 도수라도 소주는 소주라고 당시 정부 관료들은 생각했다.

마지노선

그러나 그렇다고 소주를 맥주나 막걸리 수준으로 만들 수는 없지 않겠는가? 무슨 '소주의 자존심' 같은 게 있는 건 아니지만, 그래도 어떤 마지노선이 존재하지 않았을까? 20도

의 벽을 무너뜨리고 가파른 속도로 하강 행진을 계속해 17도 대에 도달한 소주…… 대체 어디까지 내려가게 될까?

지난 일이지만 15도짜리 소주가 나온 적이 있었다.

1998년. 다소 흔들리고는 있었지만 여전히 25도 소주의 치세가 건재할 때였다. 소주 회사 보해가 '보해 라이트'를 내놓으면서 알코올 도수 15도임을 야심차게 표명했다. 비공식적이었지만 '소주=25도'란 기준이 엄연하던 시절이었다. 10도를 낮춘다는 것은 그야말로 파격이었다.

그러나 결과는 참담했다.

15도짜리 '보해 라이트'는 얼마 있지 않아 시장에서 사라지고 말았다.

말하자면 20세기 말, 소주 도수의 마지노선은 15도였던 셈이다. 시절이 변했으니 지금도 15도가 마지노선이라고 말하기는 어려울 것이다.

실제로 2015년 상반기에 '칵테일형 소주'를 표방하는 '처음처럼 순하리'가 출시돼 소주 시장을 강타하기도 했다. '순하리'는 유자농축액과 유자향을 첨가한 14도짜리 소주다. 그러나 롯데주류의 말대로 이건 소주라기보다 '소주 칵테일'이다. 진정한 의미에서 소주로 봐주기는 어렵지 않을까? 도수 논의에서 제외하겠다.

그런 맥락에서, 시대가 변하고 애주가들의 입맛이 변했다

해도, 15도는 여전히 소주 도수의 마지노선이 될 자격이 있어 보인다. 왜냐하면 예컨대 '청하'나 '백세주' 같은 곡주의 알코올 도수가 대개 13~15도 수준이기 때문이다.

그러나 물론 추정일 뿐이다.

누가 알겠는가? 지배적인 소주 도수에서 과감하게 10도를 낮춰 시장에 진출한 '보해 라이트' 같은 돈키호테는 언제든 다시 나타날 수 있는 법이다.

폭탄

소주를 얘기하면서 '폭탄'을 빼놓을 수 없다. 어느 술집에
가든, 술자리를 시작하기 전 테이블 위에 소주 한 병과 맥주
두 병을 놓는 풍경을 흔하게 볼 수 있다.

"맥주 글라스(glass)는요?"

"사람 수대로 주세요."

그러고는 '섞기' 시작하는 것이다. 이른바 '소폭'이다. '뇌
관'으로써 소주의 쓰임새를 살펴보기 전에 오래전 신문 기사
를 하나 들여다보자.

장관의 소주 판촉?

1999년 6월 10일자 「경향신문」에 실린 해괴한 기사다. 법무부 장관의 취임 일성(一聲)이 언급된 것으로 보아 다른 신문들도 비슷한 기사를 실었을 법한데, 아무튼 좀 해괴망측하다.

신임 ○○○ 법무 장관이 취임 일성으로 '폭탄주'를 자제하라는 지시를 내렸다. 김 장관은 9일 검찰 간부들에게 임명장을 수여하면서 "○○○ 전 대검 공안부장의 취중 발언이 나라 전체에 엄청난 파문을 빚고 있다"며 "검사들은 품위를 지켜야 하며 특히 '대낮 음주'에 각별히 주의해달라"고 밝혔다.

김 장관은 이번 파문의 뇌관이 된 대낮 폭탄주와 관련 "되도록 업무 중에는 마시지 말고, 불가피하게 먹더라도 앞으로 소주만 먹으라"고 주문한 것으로 알려졌다.

그러나 ○○○ 대검 차장은 김 장관의 이 같은 지시가 있은 직후 "폭탄주는 개개인이 양식에 따라 알아서 할 문제이지 '마셔라, 마시지 마라'는 식으로 규제할 문제가 아니다"라고 말했다.

당사자들이 좋아하지 않을 수도 있을 것 같아, 실명은 뺐다.

그건 그렇고, 심각해서 더 웃기기만 할 뿐이지만 하여간 매우 심각한 상황이라는 걸 짐작할 수 있다. 취임한 지 얼마 되지도 않은 법무부 장관이 대한민국의 최고 엘리트라는 검찰간부들을 모아놓고는, 술에 관한 상당히 많은 이야기를 입에 올렸다. 폭탄주, 대낮 음주, 다시 대낮 폭탄, 그리고 소주……. 나올 건 다 나왔다.

"불가피하게 먹더라도 앞으로 소주만 먹으라"는 표현은 그야말로 가관 아닌가? 검찰 간부들이 얼마나 낮술을, 정확히는 대낮 폭탄주를 들이켜댔으면 법무부의 수장이 나서 자제를 당부하고 그 대안으로 소주를 추천했을까?

간단히 말해 낮술을 먹으려면 양주 대신 소주를 먹으란 얘기 아닌가!

소주 회사 마케팅 상무나 할 얘기다. 그런 얘기를 법무무 장관이 검찰 엘리트들이 모인 공식석상에서 하고 말았으니 안타까운 일이다. 아닌가? '불가피'하다면 '업무 중'에라도 소주를 마시라는 허락을 얻은 격이니, 즐거워해야 할 일일까? 어쨌든 소주가 법무부 장관이 공식 허가해준 '업무용 낮술'이던 시절이 있었다.

그런데 1999년 초여름의 이 기사는 소주의 역사에서 매우 중요한 의미를 갖는다. 일단 전반적인 상황을 살펴보고 나서 이야기를 이어가자.

"독하니까 타 먹는다"

요즘 폭탄주라고 하면 소주와 맥주를 적당한 양으로 섞어 마시는 이른바 '소폭'을 떠올리지만, 1990년대에는 그렇지 않았다. 새로운 밀레니엄이 도래하기 전에는 술집에서 '폭탄'을 얘기하면 그것은 언제나 양주 폭탄을 의미했다. 맥주에 양주를 섞어 강력 '뇌관'을 투척한 '양폭' 말이다.

당시 소폭의 관행이 전혀 없었던 건 아니겠지만, 기사에 등장하는 '폭탄주'나 '대낮 폭탄'이 1990년대 대한민국이라는 콘텍스트(context: 맥락)에서는 아주 당연히 '양폭'으로 읽혔다는 얘기다. 그리고 기사에 등장하는 '폭탄'이 실제로도 소폭 아닌 양폭이었음은 물론이다.

기사에 등장하는 전(前) 대검 공안부장의 취중 발언과 그 후속 발언을 살펴보면 상황이 명확해진다. 사실 이른바 '취중 발언'은 지금 돌아보기엔 다소 복잡하다. 요컨대 당시 공안당국이 구조조정 중이던 조폐공사 내부에 일부러 파업을 유도했다는 것이다. 노사 분규를 파업으로 몰고 가 정부가 원하는 방식으로 구조조정을 완성하려 했다는 이야기다. 그런데 그 '비밀'을 대검 공안부장이 누설한 것이다.

어쩌다가?

낮에 양폭을 먹다 취해서.

나라가 발칵 뒤집혔다. 그래서 '조폐공사 파업 유도'에 관한 국정조사가 열리고 말았다. 그리고 그 자리에서 '폭탄'에 관한 '역사적' 문답이 등장했다.

> 국회의원: 대체 검사들은 왜 그렇게 폭탄주를 마시느냐?
> 공안부장: 양주가 독하니까 맥주에 타서 먹는 거다.

1980년대 이후 이 나라 엘리트들의 술자리를 말아 먹던 양주 폭탄의 제조 이유가 국회에서 간명하게 정리되는 순간이었다. 그들은 왜 수시로, 점심시간조차 양폭을 제조했던 걸까?

참으로 단순한 이유였다.

그저, 독하니까 섞어 마셨던 것이다.

양폭의 시대가 저물다

새로운 밀레니엄을 6개월 앞두고 나온 이 기사를 '역사적'이라 평가했던 까닭이 있다. 그런데 '역사적'이란 말을 쓴 사람이 이 책의 저자인 만큼 개인적인 얘기를 불가피하게 잠시 꺼내야 할 것 같다. 부디 양해해주시기를…….

　요즘의 소폭은 대단히 대중화된 술이지만, 1980~1990년대의 양폭은 그렇지 않았다. 주로 정치인·검사·군인 그리고 언론계 기자들이 마시던 술이었다. 그런데 나도 1990년대 중반~2000년대 중반까지 10여 년 신문기자 생활을 했다. 그래서 젊은 시절에 본의 아니게 폭탄주를 상당히 자주 마셨던 기억이 있다.

　사회 초년병 때 들이켜던 폭탄은 물론 양주 폭탄이었다. 당시의 폭탄은 정말 '폭탄급'이었다. '텐-텐(ten-ten)'이란 표현을 썼던 기억이 난다. 가득 채운다는 뜻의, 그러니까 '10부'를 가득 채운다는 의미의 '텐(ten)'이었다. 맥주도 텐, 양주도 텐이었다. 양주를 가득 채운 양주잔을 맥주잔에 투척한다. 맥주를 서서히 붓는데, 물론 잔이 꽉 찰 때까지다. 독하기 짝이 없었다. 대검 공안부장이 조폐공사 관련 발언을 할 때 마셨던 술도 그렇게 맥주·양주를 모두 10부로 꽉 채운 양폭이었을 것이다. 맥주로 묽게 했다고는 하나 두세 잔이면 취하지 않을 도리가 없는, 그야말로 폭탄급의 술이었다.

　그렇게 강력한 양주 폭탄이 국회 국정조사의 도마 위에 오른 것이다. 조폐공사 파업 유도 혐의에 대한 비난과 함께 검사들의 잘못된 음주 문화에 대한 비난까지 가세했다. 사회적으로 양주 폭탄을 혐오하는 분위기가 일기 시작한 것이다.

국산 술 소비를 늘리기 위해 양주 소비를 줄여야 한다는, 캠페인 아닌 캠페인까지 벌어지기 시작할 때였다.

1999년 중반 대검 공안부장의 취중 발언과 이어진 국정조사, 그 당시 벌어진 양폭에 대한 공방을 거친 후에 양폭의 시대는 급속히 저물기 시작했다. 바야흐로 소폭의 시대가 움트기 시작한 것이다.

이 정도면 「경향신문」의 이 기사는 '역사적'인 순간을 생생히 전하는 '역사적'인 기사라고 봐도 손색이 없지 않을까?

소폭의 시대

그렇다고 양폭이 일거에 사라진 것은 물론 아니다. 2000년대 초반 즈음, 어쩌면 단기적으로는 차라리 저변을 넓혔다고 봐야 할까? 국정조사의 양폭 논쟁은 양폭에 대한 비난여론을 가중시켰지만, 동시에 양폭의 존재를 모르던 대중에게 양폭이 무엇인지 알려준 꼴이 됐다. 정계·법조계·군부·언론계의 전유물이었던 양폭을 대중까지 입에 대도록 만든 계기가 된 것이다.

그러나 물론 양폭 바람이 오래가지는 못했다. 워낙 술이 독했고, 서민이 감당하기에는 지나치게 가격이 비싸기도 했다. 2000년대 들어 웰빙(well-being) 바람이 불고, 애주가들조차 독주를 기피하기 시작하면서 양폭의 시대는 짧은 대중화의 시대를 뒤로 한 채 급속히 저물어갔다.

양폭의 대중화는 어쩌면 재료는 다르지만 제조 기법상 차이가 없는 '소폭'의 급속한 유행을 예비했던 게 아닌가 싶다.

그렇게 2000년대 중반을 넘어가며 술집에서는 '소주 한 병 + 맥주 두 병' 조합을 찾는 주문이 일반화됐다. 성인이라면 연령을 가리지 않고 소폭의 매력에 푹 빠지기 시작한 것이다.

일단 칵테일용 뇌관으로 자리를 잡기 시작하자, 소주는 빠른 속도로 활용 범위를 넓혀갔다. 애주가들은 소주를 기본으로 다양한 음료를 섞어대기 시작했다. 맥주에 콜라를 더해 '소맥콜'이라 부르고, 이온음료에 식초의 신맛을 내는 청량음료를 섞어 '소이초'라 부르기도 했다. 소맥 배합의 황금비율을 놓고도 7대 3, 8대 2, 9대 1 등으로 나눠져 격론을 벌이기도 했다.

2000년대 들어 주류업계에서 새롭게 부활한 막걸리 역시 소폭 제조 대열에 동참했다. '막소사'란 이름으로 막걸리·소주·사이다가 섞이기 시작했다. 탄산의 달콤한 맛이 거슬리는 사람은 막걸리만으로 소주 칵테일을 만들어 즐겼다.

도대체 왜 섞는가

이쯤해서 한번 진지하게 질문해보자.

우리는 왜 섞는가?

맥주에 양주를 섞고, 소주에 맥주를 섞고, 막걸리에 소주를 섞는다. 사이다도 섞고, 콜라도 섞고, 이온음료도 섞는다. 멀쩡한 백세주에 소주를 섞어 오십세주를 만든다. 소주잔을 투척하고, 잔 속 회오리를 만들어가며 섞고, 흔들어댄다.

도대체 우리는 왜 그리 오랫동안 술을 섞어대고 있는 것일까?

1990년대의 대검 공안부장 말마따나 독하니까 섞는 것일 수도 있다. 하지만 이게 그리 단순한 문제일까? 좀 더 성의를 갖고 퇴근 후 술자리의 이 기이한 풍경에 대해 자문해볼 필요가 있다.

과연 우리는 꼭 독하기 때문에 술을 섞는 것일까?

적어도 소폭의 시대에는 그런 얘기를 꺼낼 수 없다. 알코올 도수가 17도대로 떨어진 소주를 가지고도 사람들은 이리저리 섞어대고 있으니까. 이 정도 도수의 술이 독해서 섞는다고 말하긴 뭣하다. 비단 도수만의 문제는 아닌 것이다.

아무래도 술자리의 성격에 따른 것으로 봐야 하지 않을까. 어느 쪽이 더 낫다는 얘기를 하려는 것은 아니지만, 서양 사람들과 우리의 술자리는 스타일 면에서 큰 차이를 드러낸다. 서양 사람들은 술을 대화의 도구로 활용한다. 서로의 안부를 묻고, 세상살이에 대한 의견을 교환하기 위해 술자리를 마련하고 술은 천천히 마신다. 한국인들의 관점에서 보면 그들은 술을 그야말로 깨작깨작 마셔대는 것이다.

반면 한국인의 술자리는 "먹고 다 잊자!"고 하는, 어찌 보면 상당히 파괴적인 술자리다. 빨리 마시고, 일상의 스트레스와 번민을 날려버리려는 성격이 강하다. 대화가 아니라 술을 마시는 것 자체가 중요한 일이다. 술이 최종 목적은 아니지만 적어도 수단에 그치진 않는다.

그렇다면 술을 먹는 것 자체가 재미있고 흥겨워야 한다. 대화가 없는 술자리는 시작부터 맨송맨송, 결국 파장을 맞을 공산이 크다.

그런 파국을 막으려면 술을 '갖고 놀아야' 한다. '갖고 놀' 이야깃거리가 없으니, 대신 술 자체를 가지고 놀 줄 알아야 한다. 그래서 술자리의 상대방에게 많은 시선을 두는 대신, 술잔을 큰 술잔에 빠뜨리고 휘돌도록 한다. 다양한 음료를 섞어 톡 쏘는 맛을 내보기도 하고, 술의 색깔을 바꿔보기도 한다. 기상천외한 방법을 동원해가며 계속해서 섞어대는 것이다.

소폭의 글로벌화?

수십 년에 걸쳐 대세이긴 하지만, 그래도 잘하는 일이라고 보기에는 애매한 이 '폭탄'의 관행은 어느덧 글로벌(global)한 위세(?)까지 떨치게 됐다. 2013년 12월 2일, 노먼 밀러(Norman Miller)라는 이가 영국 일간지 「가디언(The Guardian)」 온라인판에 '소폭'에 대해 지극히 상세하고도 우호적인 해설을 기고한 것이다.

제목부터 심상치 않다.

소주: 세계에서 가장 인기 있는 술(Soju: the most popular booze in the world)

한국 소주의 약진에 대해 얘기하는 기사인데, 후반에 등장하는 소폭 이야기는 아주 구체적이다. 노먼 밀러 씨가 'somac(소맥)'이라고 표현한 소폭 관련 내용을 간추리면 이렇다.

맥주를 즐기는 사람이라면 소맥(somac)을 알아야 한다. 한국인들은 맥주와 소주를 다양한 방법으로 섞으면서 그걸 '제조(manufacturing)'라고 표현한다. 이때 비율과 방법이 문제가 된다. 가장 인기 있는 비율은 소주 30퍼센트에, 맥주 70퍼센트다. 한국의 맥주잔은 대개 200밀리리터 용량인데, 원하는 비율에 따라 '제조'가 가능하도록 눈금이 표시되는 경우가 흔하다. 제조 방법은 허리케인(Hurricane)이라 알려진 전통 소맥의 방식을 참고하면 된다. 일단 마음먹은 비율로 잔을 채운다. 티슈로 그 잔을 덮는다. 손바닥을 이용해 잔을 (탁자 위에 내려)친 뒤, 손목을 휙 돌려 잔 안에 소용돌이를 만들어낸다. 그게 바로 '미니 허리케인'이다. 티슈가 젖었다고 걱정할 필요 없다. 제대로 된 것이다. 한국 사람들처럼 젖은 티슈를 수직으로 던져 올려 천장에 붙이기만 하면 된다.

폭탄 제조를 위해 눈금이 표시된 맥주잔이 흔하다는, 참아줄 만한 오류(아마도 한국 취재원이 전해준 특이 사례를 일반적인 것으로 오해했으리라!)를 빼면 소폭 제조의 현장을 생생하게 그려내고 있다. 그런데 술에 젖은 휴지를 이리저리 던져대고 있는 한국인들의 기행(奇行)까지 묘사하다니…….

고마운 기사인지, 비난해야 할 기사인지 판단이 잘 서질 않는다.

어쨌거나, 소폭의 위상은 이 정도라는 사실!

해장국과 삼겹살

소주는 늘 소주 이상이었다. 기호식품 또는 술의 한 종류라는 자신의 '본분'을 뛰어넘어, 사회에 적지 않은 영향을 끼쳤다. 한국 사회에 독특한 문화를 만들어내는 데 일종의 촉매제 역할을 했다. 가장 직접적인 변화는 식(食)문화에서 드러난다. 그러나 그 변화의 풍속도를 식문화만으로 한정 짓기에는 다소 애매한 측면도 있다. 한번 살펴보자.

해장국

우리 음식의 이름은 대개 쓰이는 재료의 이름을 포함하는

경우가 많다. 재료가 먼저 있고 거기에 조리법을 표시하는
용어가 가세하는 식이다. 예를 들어보자.

김치찌개, 된장찌개, 대구탕, 고등어조림, 감자튀김, 시금
치나물, 무국, 콩나물국……

대개 김치(재료)+찌개(조리법)의 형식으로 음식의 이름이
만들어지는 것이다. 물론 이런 형식을 벗어난 것도 있지만,
대개 재료나 조리법 중 하나의 요소는 이름에 포함된다. 그
게 우리 음식의 일반적인 작명(作名) 방식이다.

그런데 재료도 조리법도 드러나지 않는 음식이 하나 있
다. 아니, 하나가 아니라 매우 다양한 종류를 자랑하는 음식
이다. 바로 해장국이다.

해장……. 장(腸)을 풀어준다(解)고 해장이라 표현한 것일
까? 그건 아닌 모양이다. 해장국의 원래 이름은 해정국이었
는데, 그 단어가 변한 것이라 한다. 해정(解酲)은 숙취를 풀어
준다는 뜻이다. 한자 '정(酲)'은 숙취를 뜻한다. 술에 취한 상
태 자체를 말하는 것이다. 그러나 장을 풀어주든, 숙취를 풀
어주든 의미는 크게 다르지 않아 보인다. 숙취로 피로해진
우리 몸의 내장 기관을 다스려준다는 의미의 '해장' 역시 딱
히 틀린 표현으로 느껴지진 않는다. 넓게 보아 '속을 풀어주

는 국'이라 해석하면 그만이리라.

어느 쪽이든 이 해장국이란 음식은 그 이름에 재료도, 조리법도 나타나 있지 않다. 그저 용도만 표시하고 있을 뿐이다. 숙취를 풀어준다고 하는, 이 음식의 용도가 중요한 것이다. 재료도 조리법도 중요하지 않다. 어떤 재료를 쓰든, 어떤 조리법을 적용하든 술 취해 정신 못 차리고 있는 사람을 정신 차리게 해주기만 하면 된다.

길거리 식당가를 한번 둘러보시라. 모르긴 해도 해장국 간판을 내건 음식점이 적어도 한두 개는 포함돼 있을 것이다. 해장국은 지역을 가리지 않는 그야말로 전국구 음식이며, 유행을 타지 않는 전천후 음식이다.

도대체 얼마나 많은 사람들이 속을 풀고 싶었기에 해장국이란 기상천외한 이름의 음식이 생겨나고, 그 면면을 유지해오고 있는 것일까?

따지고 보면, 그게 다 소주 때문이겠지만.

콩나물·북어·선지·뼈다귀……

소주를 먹으면 도대체 우리 '속'에 무슨 일이 벌어지는지부터 알아야겠다. 그래야 그게 해장이 되었든 해정이 되었든, '속을 푸는 일'에 대해 제대로 논할 수 있다.

소주든 맥주든 막걸리든 와인이든 위스키든, 막상 먹고 나면 딱히 다를 것이 없다. 모두 알코올일 뿐이다. 그런데 알코올을 적정량 이상 섭취할 때 우리 몸에 쌓이는 물질이 있다. 바로 '아세트알데히드'라는 물질이다. 이 물질이 과도하게 축적되면 얼굴이 붉어지고, 속이 메스껍고, 머리가 어지럽고 아프다. 한마디로 숙취 상태에 돌입하는 것이다.

물론 적당히 마시고 적당한 양의 아세트알데히드를 생성시키면 간(肝)이 알아서 처리해준다. 그러나 간이 따라잡지 못하는 속도로 술을 마시면(누가 시키는 것도 아닌데 시작만 하면 들이켜대니 어쩔 수 없이) 아세트알데히드가 몸에 쌓이는 것이다.

물론 아세트알데히드만 문제인 것은 아니다. 술을 과도하게 마시면 수분과 전해질도 부족해진다. 이런 문제가 모두 합쳐져 숙취가 생긴다.

각설하고, 해장을 위해서는 아세트알데히드를 분해시켜야 하는데 그 특효약이 바로 콩나물이다. 콩나물에 들어 있는 '아스파라긴산' 성분은 간이 아세트알데히드를 분해하는 걸 돕는다. 콩나물국이 가정에서 먹는 해장국의 원조가 된 것은 그러니까 과학의 공이 큰 셈이다.

그러나 술 먹은 다음 날 콩나물국만 들이켜지는 않는다. 관건은 간 기능 증진이니, 간에 좋은 고단백의 재료들이 해장에 동원되게 마련이다. 그중 전통적인 강자는 북엇국이다.

북어포를 찢어서 불려두었다가 참기름에 볶아 물을 넣어 끓이는 게 조리의 핵심이다. 나중에 계란을 풀고 두부를 넣는건 끓이는 사람의 마음이다.

아마도 식재료의 수급과 관련이 있겠지만, 언제부터인가 선지와 속칭 '뼈다귀'로 통하는 돼지등뼈도 해장국의 주요 재료로 쓰이고 있다. 술 먹은 다음 날 해장국 먹으러 가자고 하면, 요즘엔 콩나물국·북엇국보다 선짓국·뼈다귀 해장국을 떠올리는 사람이 더 많다.

물론 아스파라긴산을 함유한 콩나물의 '과학'은 여전해서, 주재료가 북어든 선지든 뼈다귀든 간에 해장국에 콩나물까지 함께 넣어주는 경우도 많다.

차수 변경

여기서 잠깐 우리 음주 문화에 특유한 '차수(次數) 변경'에 대해 짚고 넘어갈까 한다. 해장국의 다양한 용도, 아니 용도의 왜곡과 관련이 있는 문제이기 때문이다. 무슨 얘기인가하면, 술을 먹은 뒤 숙취를 달래기 위한 용도로 만든 해장국이 언제부터인가 술을 조금이라도 더 먹기 위한 안주로 '변질'되고 있는 것이다.

먼저 직장인의 음주 패턴(pattern)을 간략히 살펴보자.

평균적인 경우 직장인은 대개 소주로 회식이나 모임 등의 자리를 시작한다. 어스름한 저녁, 약간 피로한 상태로 회사를 나와 소주로 그 피로를 푼다. 회사에서 멀지 않은 식당에 들어가 고기(대개는 삼겹살이다!)를 직접 구워가면서 소주잔을 주거니 받거니 한다. 나누는 얘기야 모두 엇비슷하다. 상사나 튀는 동료들에 대한 '뒷얘기', 회사의 비인간적 처우에 대한 비난이 대부분이다. 사람 사는 게 다 비슷해서, 불만의 내용도 거기서 거기다.

그런데 한두 번이면 몰라도 술자리마다 그런 얘기를 하는 게 재미있을 리 없다. 그래서 그냥 소주를 먹는 대신 소주를 재료로 일종의 놀이를 시도하게 된다. 앞서 얘기한 대로 '소폭'의 출현은 그런 술자리 문화와도 관련이 있다. 소주 한 병과 맥주 두 병을 시키고는, 이렇게도 섞어보고 저렇게도 섞어보는 것이다. 그렇긴 해도 회식의 '원형적' 방식이 소주와 구운 고기의 조합인 것은 여전하다.

물론 술자리가 1차에서 끝나는 법은 거의 없다. 누군가 "2차 가야지!"라고 외치게 마련이다. 이때 2차를 가자고 외친 '누군가'의 존재는 별 의미가 없다. 대부분의 애주가들은 2차를 당연한 것으로 여기기 때문이다. 내가 아니면 그가, 그가 아니면 그녀라도 "2차!"를 외치게 돼 있다. 그리고 그 구호에 따라 1차의 구성원들은 대개 한두 명 정도의 낙오만을 허용한 채 2차로 향한다.

2차는 대개 생맥주다.

1차는 고기를 굽느라, 아니면 소주를 맥주에 섞어 '원 샷'들을 하느라 정신없는 경우가 대부분이다. 한두 시간 자리를 함께했지만 '대화'를 거의 나누지 못한 것이다. 1차에서 막 시작만 하고 끝내지 못한 '한탄'과 '비난'을 이어가야 한다. 500cc 생맥주 두세 잔을 마시며 이런저런 대화를 이어가다 대화가 자꾸 엇나가고 있다는 사실을 발견한다. 그야말로 횡설수설……. 1차에서 마신 소주와 2차에서 마시는 맥주의 기운이 합쳐지며 좌중이 취하기 시작한다.

그렇다고 술자리가 끝나지는 않는다.

"한 잔은 더 하고 가야지~. 딱 한 잔 더!"

누군가 한 명은 꼭 나서게 마련이다.

3차는 해장국에 술

약간 풀린 목소리로 터져 나온 "3차!" 제안에 모두 응하진 않는다. 1차와 2차에서 격전을 치르고 나면 대개 자정이 가까워온다. 지하철이나 버스가 끊길 시간이다. 대중교통을 이용하겠다는 동료를 말릴 방법은 없다. 택시 요금 대줄 것 아니면 가겠다는 사람은 가게 해야 한다. 그러나 이미 얼큰하게 취한 주당(酒黨)들에게 막차 따위야 안중에 없다. 일단 더 마시고 보는 것이다.

문제는 안주와 술인데, 이때 남은 두세 명의 주당들은 묘책을 만들어낸다. 술을 먹는 동시에 술을 깨면 되지 않는가! 그런 명분을 공유하고 술집이 밀집한 거리의 뒷골목을 잠시 서성인다. 그러다 누군가 상황을 정리한다.

"해장국에다 소주나 한잔하지, 뭐!"

이렇게 1차 소주(또는 소폭), 2차 생맥주에 이어 3차에는 다시 소주를 들이켜기 시작한다. 안주는 대개 감자탕을 표방하는 뼈다귀 해장국 또는 선지와 우거지를 넣은 해장국류……. 그것도 아니면 포장마차에 들어가 간편하게 말아낸 국수에 술 한잔을 털어 넣기도 한다.

물론 특별한 경우를 제외하면 소주 한두 병을 넘기지 않는 간소한 술자리다. 3차까지 남은 최후의 2~3인은 역시 이날의 마지막 소주 몇 잔으로 서로에 대한 신뢰와 앞으로의 우정을 확인하며 자리를 마무리한다.

이쯤 해서, 다시 해장국의 기묘한 용도를 떠올려볼 수밖에 없다. 술을 깨려고 먹는 해장국이, 술에 취하려고 먹는 안주의 용도로 쓰인 것이다. 해장국이 '술국'으로 둔갑하는 비논리적인 상황이다. 그래서 소주를 중심에 둔 한국 직장인의 전형적인 술자리 차수 변경은 이렇게 정리할 수 있다.

1차: 소주(또는 소폭) + 삼겹살

2차: 생맥주 + 마른안주

3차: 다시 소주 + 해장국

글을 읽기만 해도 취하는 것 같다. 어찌 하겠는가, 이게 다 소주 탓이다.

삼겹살의 블랙홀

소주 얘기를 하면서 1차 술자리의 강력한 동반자 삼겹살에 대해 이야기하지 않을 수 없다.

'삼겹살의 블랙홀'이란 기묘한 용어부터 소개하겠다. 외국의 축산업자들이 우리나라를 지칭할 때 쓰는 용어라고 한다. 유럽에서는 삼겹살을 벨리(belly)라고 부른다. '배[腹]'라는 뜻이다. 삼겹살이 돼지의 뱃살 부위이기 때문이다. 고기와 지방이 세 겹으로 겹친 삼겹살의 구성 요소는 바로 돼지 뱃살의 구성 요소와 동일하다.

그런데 유럽에선 벨리의 소비가 많지 않다. 벨리에 포함된 지방의 양이 지나치게 많기 때문일 것이다. 삼겹살의 경우 지방의 비중이 대개 30퍼센트를 훌쩍 넘긴다. 그렇게 유럽인이 선호하는 부위가 아니다보니, 남아도는 벨리 부위를 어떻게 소비할지를 고민하게 됐다. 어떻게 '처분'해야 할지를 고민하게 만드는 부위였던 것이다.

그런데 그렇게 남아도는 돼지고기의 벨리 부위를 싹쓸이해가는 나라가 생겼다. 바로 저 멀리 동아시아에 있는 한국이란 나라다.

물론 모두 소주 때문이다.

돼지고기를 해체하면 다양한 부위가 나온다. 안심도 나오고, 등심·목살도 나오고 다릿살도 나온다. 그런데 우리나라 요식업계에 불어닥친 소주 광풍(狂風)은 언제부터인가 삼겹살을 제물로 삼았다. 소주 하면 자동으로 삼겹살 안주를 떠올릴 지경이 된 것이다. 돼지고기에 있는 다른 부위는 안중에도 없다.

"나에게 삼겹살을 달라, 등심·안심 따위는 필요 없다!"

이렇게 외치는 수준이 된 것이다.

오죽하면 돼지고기의 10퍼센트 수준에 불과한 삼겹살을 얻기 위해 돼지 한 마리를 도살하는 꼴이라는 말까지 나오겠는가? 그런데 우리나라의 육류 소비 현황을 보면 그게 실제로 그렇다. 소비하는 육류의 절반이 돼지고기인데, 그중에서도 절반이 삼겹살로 소비된다. 돼지고기 소비 스타일은 심하게 왜곡돼 있다. 삼겹살을 얻기 위해 돼지 한 마리를 잡는 꼴이 아니라고 반박하기가 쉽지 않은 것이다.

상황이 이렇다보니, 축산가공업체나 양돈협회를 중심으로 이따금 비(非) 삼겹살 부위의 소비를 장려하는 캠페인이 등장하기도 한다. 요약하면 삼겹살만 찾지 말고 제발, 안심·등심·다릿살도 먹어달라는 얘기다.

물론 캠페인으로 해결될 문제는 아니다. 캠페인 정도로 어찌 사람들의 입맛을 바꾸어놓을 수 있겠는가? '1차=소주+삼겹살'이란 공식이 깨지지 않는 한, 우리나라를 지칭하는 '삼겹살의 블랙홀'이란 호칭은 아마 상당 기간 사라지지 않을 것이다.

이게 다 소주 때문이다.

몽골의 추억

늦은 감이 있지만 소주의 원형(原形)에 대해 알아봐야겠다. 미루고 미뤘던 증류식 소주에 관한 얘기다.

우선 우리나라 사람들이 언제부터 소주를 마시기 시작했는지부터 알아봐야 한다. 중국인이 예전 우리 조상에 해당하는 동이(東夷) 사람들을 두고 "음주가무(飮酒歌舞)를 즐기는 민족"이라 했다는데, 그 '음주'의 품목에 과연 소주도 포함돼 있었을까?

엘리자베스 여왕과 소주

증류식 소주는 자신이 바로 '소주 자체'임에도 불구하고, '전통 소주'라는 이름으로 불린다. 이제 '소주' 하면 희석식 소주만을 가리키는 시대가 돼버렸다. 그래서 소주의 원형과 역사를 알기 위해서는 이른바 '전통 소주'에 주목해야 한다. 전통 소주 중 가장 유명한 것이 바로 안동소주다. 관련해 눈여겨볼 만한 에피소드가 하나 있다.

지난 1999년 봄의 일이다. 영국 여왕 엘리자베스 2세가 한국을 찾았다. 그리고 방한 사흘째 되던 날 안동 하회마을을 찾았다. 한국 사람들이 어떻게 살았는지 그 '전통'을 영국 여왕에게 보여주려 마련한 이벤트였다. 그런데 공교롭게도 안동 하회마을을 방문한 때가 여왕의 생일(4월 21일)이었다.

그래서 아마 청와대와 영국대사관이 공동으로 마련한 깜짝 행사가 벌어진 모양이다. 하회마을 사람들이 동네를 찾아온 영국 여왕에게 생일상을 차려줬다. 인간문화재 조옥화란 분이 영국 여왕의 생일상을 차렸는데, 그는 어떤 분야의 인간문화재였을까?

그는 바로 안동소주를 제조하는 기술을 보유한 인간문화재였다. 다름 아닌 안동소주 기능보유자였던 것이다. 조 씨가 차린 생일상을 보고, 여왕은 "원더풀!"을 연발했다 한다.

그런데 희한한 사실이 하나 있다. 당시의 생일 파티를 포착한 사진을 보면 여왕은 청주로 축배를 든 것으로 나와 있다. 아무리 그래도 안동소주 한 잔쯤은 포함돼 있지 않았을까? 안동소주 장인이 마련한 상차림이니까 말이다.

엘리자베스 여왕이 그때 청주만 마셨는지, 안동소주도 함께 마셨는지는 모르겠지만 중요한 것은 왜 '안동소주 장인'과 '안동소주'가 특별하냐는 것이다. '안동'과 '소주'가 묶여야 할 이유가 도대체 무엇이냐는 것이다.

개성·안동·제주·진도

말하자면 영국 여왕에게도 내세울 만큼 안동소주는 우리 소주의 글로벌한 대표주자인 셈인데, 하필이면 왜 '안동'일까? 왜 안동이 소주의 명산지가 된 것일까?

이유를 알기 위해서는 700년이란 시간을 거슬러 올라가야 한다. 700년 전 우리나라는 역사적으로 어떤 상황에 처해 있었을까? 그때 우리나라, 그러니까 고려는 몽골의 지배를 받고 있었다. 그런데 전 세계를 지배할 기세였던 몽골이 당시 동아시아 끝에 있는 조그만 나라 고려를 지배하는 정도로 만족할 리 없었다.

몽골은 고려를 발판으로 일본을 치려고 했다. 그때의 병

참기지가 바로 안동이었다. 그러니까 700년 전 안동에는 몽골의 전사들이 대거 진주하고 있었던 것이다.

비단 안동 한 곳뿐만은 아니었다. 고려의 수도였던 개성은 자연스럽게 몽골 군의 본거지가 됐고, 저 멀리 제주도와 진도는 몽골의 전진기지였다. 제주도와 진도의 경우 당초 삼별초의 본거지였지만 세계 최고의 전력을 자랑하는 몽골 군을 당해내기에는 역부족이었다. 몽골 군에 저항하던 요새가 몽골 군의 일본 공략을 위한 요새가 된 것이다.

자, 개성과 안동과 제주와 진도······.

이 지역의 공통점은 무엇일까? 바로 전통 소주, 그러니까 증류식 소주로 유명한 지역들이다. 개성소주, 안동소주, 제주소주 그리고 진도홍주가 바로 우리나라의 대표적인 전통 소주(증류식 소주)다. 몽골 군이 주둔했던 곳에서 명가(名家)의 소주들이 탄생했던 것이다.

이제 우리나라의 증류 소주, 그러니까 '진짜' 소주의 원류는 유라시아 초원을 달리던 몽골의 전사들로부터 나왔다는 사실을 짐작해볼 수 있을 것이다.

전사들의 술, 아라크

13세기 아시아 북방 초원 지대의 몽골 전사들은 칭기즈칸의 영도 아래 세계를 공략했다. 집을 한번 떠난 전사들은 몇 달, 때로는 몇 년간 집에 돌아오지 못했다. 춥고 황량한 초원을, 자신들의 생명줄과 같은 말 한 마리에 의지한 채 헤집고 다녀야 했다.

그들에겐 말 외에도 다른 생명줄들이 더 있었다. 하나는 말린 고기, 즉 육포였다. 짧은 기간도 아니고 체류 기간 역시 짧은 게 아니었다. 전쟁을 위해 한번 길을 나서면 돌아오기까지 몇 달이 걸릴지 몇 년이 걸릴지 알 수 없었다. 현지에서 모든 식량을 조달할 수도 없었다. 그들은 미리 준비한 육포로 단백질을 보충하며 장거리 여행과 전투에 나선 것이다.

또 하나의 생명줄은 바로 '아라크'였다. 그들은 추위에 떨고, 두려움에 떨었다. 황량한 초원의 밤을 어느 정도 술기운으로 견뎌야 했다. 독한 술을 갖고 다니며 마셨다. 독해야 했다. 애매한 도수의 발효주는 상할 염려도 있었고, 오랜 시간을 견뎌내려면 그 양도 많아야 했다. 하지만 그 애매한 도수의 발효주를 증류해놓고 나면 상황이 달라졌다. 소지도 간편하고, 소량의 음주만으로도 추위와 공포를 떨쳐낼 수 있는 술이 되는 것이다.

바로 그 증류한 술, 아라크는 몽골 전사들의 소중한 친구였다. 한시도 몸에서 떼지 않았던 필수 음료였다. 그리고 그 아라크야말로 우리가 아는 그 소주의 원형이다. 우리나라에

서도 실제로 소주를 두고 '아락' '아랑' 등의 용어를 쓴 적이
있다.

몽골인들이 소주, 그러니까 아라크 때문에 세계를 제패할
수 있었다고 말하는 건 어불성설이겠지만, 소주가 세계를 휘
달리던 몽골 전사들의 훌륭한 동반자였다는 사실만은 분명
하다.

소주의 고향은 중동?

과연 소주 또는 아라크, 이 증류식 술의 고향은 어디일까?

거슬러 올라가자면 더 거슬러갈 수 있다. 저 멀리 아라비
아와 페르시아 지방에까지, 지역 또한 넓혀야 한다. 8~9세기
쯤 그 지역에서 증류 기술을 이용해 알코올을 얻었다는 기
록이 있기 때문이다.

워낙 과학이 발달해 있던 지역이다. 유럽이 지적재산권을
주장하는 화학의 여러 개념과 기술이 사실 아랍 지역에서
발견·발명되었다는 것은 공공연한 사실이다. 그렇게 중동(中
東) 사람들이 개발한 알코올의 증류 기법이 서쪽으로 넘어
가 브랜디·위스키를 만들어내고, 동쪽으로 넘어오면서 아라
크·소주를 만들어냈다.

그렇다고 소주의 고향을 굳이, 저 멀리 중동까지 소급할

필요는 없을 것 같다. 몽골의 초원쯤으로 생각하고 만족하는 게 우리가 체감할 수 있는 역사의 맥락에서 더 적절하지 않을까.

그보다 증류라는 방법을 통해 어떤 식으로 알코올을 정제하는지 점검해보자. 그게 훨씬 더 생산적인 논의일 것이다.

증류에는 다양한 기법이 있지만 결국 본질은 같다.

과실이나 곡물을 원료로 만든 술이 있다 하자. 그게 바로 발효주다. 이 발효주를 강한 불로 증발시키고, 그 위에 솥뚜껑이나 기다란 파이프(pipe) 같은 것을 차단막으로 설치하면 정제된 알코올이 방울로 맺힌다. 그 방울들을 한데 모으면 그게 증류 술이다. 그 과정을 머릿속에 그려보면 우리 조상들이 소주를 가리키며 불렀던 옛 이름들의 정체를 쉽게 이해할 수 있다.

이슬과 땀과 불의 술

먼저 투명한 술 방울이 이슬처럼 송골송골 맺히니 이름하여 노주(露酒)다. 이슬 같은 술인 것이다. 그런 의미에서 희석식 소주의 대표 격인 '진로(眞露)', 또 진로의 현대적 변용인 '참이슬'은 뜬금없이 튀어나온 브랜드가 아니다.

한주(汗酒)라고도 했다. '汗'은 땀이기도 하고, 칸(khan)이기도 하다. '칸'은 칭기즈칸을 지칭할 때의 그 '칸'이다. 그렇다고 해서 칸이 마시던 술이라고 해석하는 것은 다소 무리이고, '땀의 술' 정도로 해석하는 게 좋겠다. 왜 땀이라고 하는지, 그 이유가 머릿속에 그려진다. 증발됐다가 맺힌 술 방울이, 땀방울 떨어지듯 뚝뚝 떨어지니 '땀의 술'이라 지칭한 것이다.

화주(火酒)라고도 했다. 꼭 소주가 아니어도 증류주는 원재료에 해당하는 발효주에 비해 훨씬 독하고 강한 술이니 화주, 즉 불같은 술이라 했을 것이다. 지금은 대개 중국 고량주, 즉 '배갈'을 뜻하는 백주(白酒)라는 용어도 소주를 부르는 데 활용했다.

기주(氣酒)라고도 했다. 독한 소주 한잔이면 몸속 혈액이 맹렬하게 돌며, 없던 기운까지 나게 해주었으니까.

대개 증류의 과정에서 연역해낸 뭐랄까, 대단히 화학적인 이름들이지만 아무래도 '화학' 수준을 훨씬 뛰어넘는 이름들인 것 같다.

이슬의 술, 땀의 술, 불의 술……. 이 얼마나 시적(詩的)인 이름이란 말인가?

비단, 금, 그리고 소주

소주는 쉽게 만들어지지 않는다. 대략 청주 서너 병은 있어야 소주 한 병이 만들어질까 말까다. 이슬이 한 방울 한 방울 맺히고 그 이슬이 다시 한 방울 한 방울 땀으로 떨어지기를 기다려야 한다. 그게 다 모여야 소주 한 잔이 되고, 또 한 병이 된다. 제조에 큰 노력이 필요한 술이다. 시간도 오래 걸린다.

이렇게 어렵게 만드는 술을 아무나 마실 수 있었을까?

지금이야 희석식 소주가 워낙 저렴한 가격으로 시장에 나오기 때문에 대표적인 서민 술로 자리매김했지만, 소주는 원래 아무나 못 먹는 술이었다. 사치품이었다. 지금의 고급 양주 수준을 생각하면 될 것 같다.

소주를 마시기 시작한 초창기였던 고려 때만 해도 그랬다. 역사 기록들을 보면, 사람들이 검소하게 살지 않는 것을 질타하며, 비단이나 금 등 사치품에 재산을 탕진하는 풍조를 탓하기도 하는데 그 사치품의 목록에 소주가 당당히 그 이름을 올리고 있다.

조선 시대에 접어들어 세종이 다스리던 시대에도 소주는 여전히 고급술이었다. 주로 왕가(王家)의 사람들이 먹던 술이었다. 사대부 집 잔치에서도 소주를 쉽게 사용하지 못하도록 했다는 기록이 남아 있다. 성종 때 한 사간(司諫)이 세종 때 분위기를 예로 들며 사대부 집안의 연회에서 소주를 사용하는 일을 불허(不許)해야 한다고 주장하기도 했다. 하물며 일반 민가(民家)에서야……

귀하다보니 소주를 약(藥)으로 보는 시각도 있었다. 몸이 약한 왕에게 탕약으로 소주를 고아 올렸다는 기록이 있다. 소주가 가진 다양한 이름 중 하나가 기운을 불어넣어준다는 의미의 기주 아니었던가.

증류식 소주의 부활?

그렇게 귀한 대접을 받던 소주, 그러니까 왕족들이 주로 먹고, 약으로도 인식되던 증류식 소주는 20세기 후반 들어 거의 사라지고 만다. 태생적으로 복잡한 제조 과정, 상대적으로 비싼 가격이 문제였다. 그렇게 침체 일로를 걷다가 어느 순간, 소주가 아예 자취를 감추게 되는 지경에 이르렀다. 앞서 언급한 적이 있지만 1965년에 등장한 양곡관리법 때문이다. 안 그래도 부족한 곡물을 술 만드는 데 써서야 되겠느냐는 의견이 반영된 법이었다. 증류식 소주의 절멸은 그러니까, 소비자의 미각 변화 때문이 아니라 제도 때문이었던 것이다.

이후 희석식 소주가 대세를 이루었다. 그것이 무엇이 됐든 값싸고 남아도는 곡물로 높은 도수의 알코올(주정)을 대량 생산하고, 그것을 물에 타서 감미료로 증류식 소주의 맛을 내는 희석식 소주가 사람들의 저녁 술자리를 제패하게 된 것이다.

그것을 일도양단(一刀兩斷)으로 말한다면 물론 아쉬운 일이다. 좋은 곡물과 물·불로 오랜 시간에 걸쳐 만든 순수하고도 고급한 술이 설 자리를 잃게 된 것이니 말이다.

그러나 제도는 바뀌기 마련이어서, 1990년대 초반 쌀 소비를 촉진하기 위해 정부는 다시 증류식 소주의 제조를 허용한다. 그렇게 다시, 증류식 소주는 희석식 소주의 틈바구니 속에서 새로운 활로를 모색하는 중이다.

진짜·가짜를 넘어

점점 고급화돼가는 소비자들의 입맛을 만족시키기 위해, 소주 제조업체들이 증류식 소주 개발에 다시 관심을 쏟기 시작했다. 소주의 국제화 전략, 그러니까 수출을 늘리기 위한 기업들의 전략도 전통의 증류식 소주에 대한 관심으로 이어진다. 증류식 소주가 다시 부활할 계기를 얻은 것이다.

먹고 마시는 일에서 중요한 것은, 궁극적으로 제도가 아닌 입맛일 것이다.

그렇다고 우리의 희석식 소주가 수십 년간 구축해온 입지를 쉽게 무너뜨리거나 하지도 않을 것이다. 그러기에는 너무 많은 시간을 걸어왔다. 우리 안에 너무 깊이 파고들었다. 여러 세대를 넘어 술 소비자의 입맛을 사로잡았고, 삶에 지친 사람들의 한탄과 하소연을 누구보다도 가까운 거리에서 지치는 법 없이 들어주었다.

당초 증류식 소주를 '진짜'라 하고, 희석식 소주를 '가짜'라고 거칠게 구분하면서 소주에 관한 이야기를 시작했다. 사실 거친 만큼 무리한 구분이었는지도 모른다. 어쩌면 재료의 종류와 그 재료를 활용하는 방식, 그리고 순서의 차이일 뿐일지도 모른다.

증류식이든 희석식이든, 곡물로 만들어진 그 맑고 투명한 액체를 소주라 불러주는데 무어 그리 인색할 필요가 있을까? 어느 쪽이 됐든, 그 옛날 '몽골의 추억'은 유효하다고 말해도 좋으리라.

그리고 참으로 오랫동안 인류의 긴장을 풀어주고 희로애락을 같이해주었던 바로 그 술 한잔을 앞에 두고, 진짜니 가짜니 따지고 있는 것도 어찌 보면 가당찮은 일이다.

힘들 때나 지칠 때, 속을 터놓을 수 있는 동료와 함께 소주 한잔을 찾는 애주가(愛酒家)들의 입장에서라면 더더욱…….

나가며

원고를 준비하는 과정은 몹시 길었지만(30년간의 음주, 석 달
간의 자료 조사), 실제 원고를 쓴 날은 많지 않았다. 계산해보
니 얼추 열흘 정도 걸린 것 같다. 초고속 집필이었다. 그러나
아무리 문고판이라 해도 열흘 만에 책 한 권 분량을 쓰는 건
쉬운 일이 아니다.

그래서 술기운을 좀 빌렸다. 과도한 몰입과 그로 인한 긴
장을 풀어주기 위한 특단의 조치였다. 원고를 쓰다가 힘들다
싶으면 동네 어디쯤으로 슬쩍 마실 나가, 값싼 안주에 소주
몇 잔을 들이켜고 돌아왔다. 그럼 잔뜩 경직된 몸과 마음과
머리가 풀렸다. 그제야 무언가 다시 쓸 수 있었다.

이 『소주 이야기』에는 그래서 당초 취기(醉氣)가 가득했다. 취기를 빼기 위해 원고를 여러 차례 손봐야 했다. 그것은 소주로 인한 번거로움이었지만, 만약 그 몇 잔의 소주가 없었다면 일사천리의 초고(草稿) 진행도 없었을 것이다.

번잡한 사연을 떠나, 살면서 뭉치고 맺힌 게 있으면 풀어줘야 한다는 얘기를 하고 싶은 거다. 그리고 삶의 응어리를 푸는 데 소주만한 처방이 없어 보인다는 사실도 말하고 싶다. 삶이 경직된다 싶으면, 그냥 두지 말고 소주 한잔으로 그때그때 풀어주시길 권한다. 그때 이 작은 책자에 담긴, 소주에 관한 이야기들을 두어 가지 떠올린다면 그 약효가 두 배로 커질 것이다.

그러나 지나친 음주는 건강을 해칠 수 있으니 삼가셔야 한다.

참고문헌

고은, 『바람의 사상』, 한길사, 2012.

김승옥, 『무진기행』, 민음사, 2007.

박노해, 『노동의 새벽』, 느린걸음, 2014.

양주동, 『문주반생기』, 범우사, 2002.

오성동, 「韓國 燒酒産業發展에 관한 史的 考察」, 『경영사학』 Vol.30, 2003.

이윤희·이경현 「소주광고 포스터 이미지에 따른 소비자의 태도」, 『한국디자인포럼』 Vol.35, 2012.

잭 웨더포드, 정영목 옮김, 『칭기스칸, 잠든 유럽을 깨우다』, 사계절, 2005.

최명, 『술의 노래』, 선, 2014.

허시명, 「한국 소주의 어제와 오늘」, 『한국어와 문화』 Vol.3, 2008.

황교익, 『한국음식문화 박물지』, 따비, 2011.

황석영, 『객지』, 창비, 2000.

소주 이야기

| 펴낸날 | 초판 1쇄 2015년 10월 16일 |
| | 초판 2쇄 2018년 6월 11일 |

지은이	이지형
펴낸이	심만수
펴낸곳	(주)살림출판사
출판등록	1989년 11월 1일 제9-210호

주소	경기도 파주시 광인사길 30
전화	031-955-1350 팩스 031-624-1356
홈페이지	http://www.sallimbooks.com
이메일	book@sallimbooks.com

ISBN	978-89-522-3229-8 04080
	978-89-522-0096-9 04080(세트)

이 도서의 국립중앙도서관 출판시도서목록(CIP)은 서지정보유통지원시스템 홈페이지
(http://seoji.nl.go.kr)와 국가자료공동목록시스템(http://www.nl.go.kr/kolisnet)에서
이용하실 수 있습니다.(CIP제어번호: CIP2015025378)

089 커피 이야기　　eBook

김성윤(조선일보 기자)

커피는 일상을 영위하는 데 꼭 필요한 현대인의 생필품이 되어 버렸다. 중독성 있는 향, 마실수록 감미로운 쓴맛, 각성효과, 마음의 평화까지 제공하는 커피. 이 책에서 저자는 커피의 발견에 얽힌 이야기를 통해 그 기원을 설명한다. 커피의 문화사뿐만 아니라 커피에 대한 일반적인 정보 및 오해에 대해서도 쉽고 재미있게 소개한다.

021 색채의 상징, 색채의 심리

박영수(테마역사문화연구원 원장)

색채의 상징을 과학적으로 설명한 책. 색채의 이면에 숨어 있는 과학적 원리를 깨우쳐 주고 색채가 인간의 심리에 어떤 작용을 하는지를 여러 가지 분야의 사례를 통해 설명한다. 저자는 색에는 나름대로의 독특한 상징이 숨어 있으며, 성격에 따라 선호하는 색채도 다르다고 말한다.

001 미국의 좌파와 우파　　eBook

이주영(건국대 사학과 명예교수)

진보와 보수 세력의 변천사를 통해 미국의 정치와 사회 그리고 문화가 어떻게 형성되고 변해왔는지를 추적한 책. 건국 초기의 자유방임주의가 경제위기의 상황에서 진보-좌파 세력의 득세로 이어진 과정, 민주당과 공화당의 대립과 갈등, '제2의 미국혁명'으로 일컬어지는 극우파의 성장 배경 등이 자연스럽게 서술된다.

002 미국의 정체성 10가지 코드로 미국을 말하다　eBook

김형인(한국외대 연구교수)

개인주의, 자유의 예찬, 평등주의, 법치주의, 다문화주의, 청교도 정신, 개척 정신, 실용주의, 과학·기술에 대한 신뢰, 미래지향성과 직설적 표현 등 10가지 코드를 통해 미국인의 정체성과 신념을 추적한 책. 미국인의 가치관과 정신이 어떠한 과정을 통해서 형성되고 변천되어 왔는지를 보여 준다.

058 중국의 문화코드

강진석(한국외대 연구교수)

중국의 핵심적인 문화코드를 통해 중국인의 과거와 현재, 문명의 형성 배경과 다양한 문화 양상을 조명한 책. 이 책은 중국인의 대표적인 기질이 어떠한 역사적 맥락에서 형성되었는지 주목한다. 또한, 구체적이고 실제적인 여러 사물과 사례를 중심으로 중국인의 사유방식에 대해 설명해 주고 있다.

057 중국의 정체성   eBook

강준영(한국외대 중국어과 교수)

중국, 중국인을 우리는 과연 어떻게 이해해야 하나? 우리 겨레의 역사와 직·간접적으로 끊임없이 영향을 주고받은 중국, 그러면서도 아직까지 그들의 속내를 자신 있게 말할 수 없는, 한편으로는 신비스럽고, 한편으로는 종잡을 수 없는 중국인에 대한 정체성을 명쾌하게 정리한 책.

015 오리엔탈리즘의 역사   eBook

정진농(부산대 영문과 교수)

동양인에 대한 서양인의 오만한 사고와 의식에 준엄한 항의를 했던 에드워드 사이드의 오리엔탈리즘. 이 책은 에드워드 사이드의 이론 해설에 머무르지 않고 진정한 오리엔탈리즘의 출발점과 그 과정, 그리고 현재와 미래의 조망까지 아우른다. 또한 오리엔탈리즘이 사이드가 발굴해 낸 새로운 개념이 결코 아님을 역설한다.

186 일본의 정체성   eBook

김필동(세명대 일어일문학과 교수)

일본인의 의식세계와 오늘의 일본을 만든 정신과 문화 등을 소개한 책. 일본인을 지배하는 이데올로기는 무엇이고 어떤 특징을 가지는지, 일본을 주목해야 하는 이유는 무엇인지 등이 서술된다. 일본인 행동양식의 특징과 토착적인 사상, 일본사회의 문화적 전통의 실체에 대한 분석을 통해 일본의 정체성을 체계적으로 살펴보고 있다.

261 노블레스 오블리주 세상을 비추는 기부의 역사

예종석(한양대 경영학과 교수)

프랑스어로 '높은 사회적 신분에 상응하는 도덕적 의무'를 뜻하는 노블레스 오블리주. 고대 그리스부터 현대까지 이어지고 있는 노블레스 오블리주의 역사 및 미국과 우리나라의 기부 문화를 살펴보고, 새로운 시대정신으로 노블레스 오블리주를 부활시킬 수 있는 가능성을 모색해 본다.

396 치명적인 금융위기, 왜 유독 대한민국인가 　eBook

오형규(한국경제신문 논설위원)

이 책은 전 세계적인 금융 리스크의 증가 현상을 살펴보는 동시에 유달리 위기에 취약한 대한민국 경제의 문제를 진단한다. 금융안전망 구축 방안과 같은 실용적인 경제정책에서부터 개개인이 기억해야 할 대비법까지 제시해 주는 이 책을 통해 현대사회의 뉴노멀이 되어 버린 금융위기에서 살아남는 방법을 확인해 보자.

400 불안사회 대한민국, 복지가 해답인가 　eBook

신광영(중앙대 사회학과 교수)

대한민국 사회의 미래를 위해서 복지는 선택이 아니라 필수라고 말하는 책. 이를 위해 경제 위기, 사회해체, 저출산 고령화, 공동체 붕괴 등 불안사회 대한민국이 안고 있는 수많은 리스크를 진단한다. 저자는 사회적 위험에 대응하기 위한 복지 제도야말로 국민 모두의 삶의 질을 높일 수 있는 길이라는 것을 역설한다.

380 기후변화 이야기 　eBook

이유진(녹색연합 기후에너지 정책위원)

이 책은 기후변화라는 위기의 시대를 살면서 우리가 알아야 할 기본지식을 소개한다. 저자는 기후변화와 관련된 핵심 쟁점들을 모두 정리하는 동시에 우리가 행동해야 할 실천적인 대안을 제시한다. 이를 통해 독자들은 기후변화 시대를 사는 우리가 무엇을 해야 할 것인지에 대하여 생각해 볼 수 있을 것이다.

사회·문화

eBook 표시가 되어있는 도서는 전자책으로 구매가 가능합니다.

(주)살림출판사
www.sallimbooks.com
주소 경기도 파주시 문발동 522-1 | 전화 031-955-1350 | 팩스 031-955-1355